贝页
ENRICH YOUR LIFE

经济学家, 请回答

理解世界的90个经济问题

[美] 玛丽安娜·库克（Mariana Cook） 摄影

[美] 罗伯特·索洛（Robert Solow） 编著

许 可 译

文汇出版社

前 言
Introduction

著名社会学家罗伯特·金·默顿（Robert K. Merton）写过一本十分有趣的小书，是关于"偶然中的必然性"（serendipity）的[1]，其儿子的肖像就收录于本书第148页。如果默顿知道本书诞生的缘由，大概会忍俊不禁。几年前的夏天，在玛莎葡萄园岛的奇尔马克镇，好友邀请我到他家中参加晚宴。入座时，我"偶然地"坐在了玛丽安娜·库克旁边，虽然她和丈夫在奇尔马克也有一栋避暑别墅，但那是我跟她第一次见面。在交谈中，我了解到她是一位杰出的肖像摄影师，最近出版了一本当代数学家的肖像集。"噢，"我随口说道，"为什么你不再出一本经济学家的肖像集呢？"后来我才明白：话是不能随便说的。这个当时随口一提的想法，现在已经落地成形，而我自己也参与了其中的很多工作。

当然，我不禁自问：编著一本经济学家的肖像集及观点汇编是一件有用的、合理的，甚至是明智的事情吗？思考过后，我的答案是肯定的。这里我也想解释一下原因。作为一名经济学教师，有一个问题在很长的一段时间里一直困扰着我，那就是大多数美国人并不清楚经济学是什么、经济学家是做什么的，甚至连那些很久以前修过经济学课程的人也不了解。但这并不奇怪，我们大多数人与经济学和经济学家的唯一接触渠道是电视、广播或报纸上的某些言论片段，而这些片段的内容通常是描述股市现状或预测股票未来走势的，或

---

1 这里提到的这本小书的书名为 *The Travels and Adventures of Serendipity: A Study in Sociological Semantics and the Sociology of Science*。——译者注

1

是关于下一季度的国内生产总值（GDP）的。但实际上，在学术界，只有一小部分经济学家会把专业时间花在思考股市或预测GDP上。因此，对于经济学家是做什么的、经济学究竟是什么，我怀疑大众的总体印象与实际情况相去甚远。

最终我们想到了一个办法，或许能够稍微改善这个问题，同时也能让这本肖像集更加引人深思。我们向本书收录的经济学家们各提出一两个问题，这些问题均针对他们的研究兴趣量身定制，再请他们用平实的语言做出简短回答。这样一来，读者可以一边欣赏人物肖像，一边咀嚼后页的问答，自思自忖道：这就是眼前这个人关切、研究并试图理解的问题，而问题后面的答案正是他或她的认知中的一个微小缩影。这是理解的开始。我们希望本书不但通俗易懂，而且能启发人心。

即便如此，本书绝对无法展现经济学家的全貌。在本书中，你只会看到一个个问题及其对应的答案，但是为了得出这些答案，经济学家可能花费了几月、几年，乃至一生的时间，而这些时间并非历历可见的。限于篇幅，本书难以详尽地展现经济学家们的求索历程，但即便如此，我还是要对这些过程稍加阐述——毕竟对于书中展示的经济学家们而言，他们的时间便是在求索中逝去的。通常情况下，一位教书育人的经济学家的工作，是尝试定量描述和理解实体经济的某些方面、探索因果机制、理解为什么这些机制会导致实体经济以某种特定方式运行。研究对象可能比较宏观：当经济活动产生收益时，是什么决定了用于发放工资和薪金的比例？或者，也可能是一个较为微观但同样意义重大的问题：医疗保险合同的规定会如何影响医疗保健系统的负荷？

无论是研究宏观问题还是研究微观问题，经济学家通常都会以一些简化的理论图景作为切入点，这些理论图景能体现经济体真实的运行方式，一般被称为"模型"，比如行业工资决定模型、消费者与医生针对医疗保健方面的决策模型，等等。通常经济学家可以沿用同领域学者在早期研究中创建的模型，但我们的经济学家（本书收录的学者）可能会有一些新的想法想要尝试。"尝试"一个新的想法，或者承袭旧的想法意味着什么呢？而"成功"又指的是什么呢？

在此我需要稍微偏一下题。经济学家的模型——或者说简化版的经济世界的因果逻辑——现在通常是以方程或不等式的形式，用数学方法来构建的。但情况并非总是如此。当我还是一个初学者时，学术界对数学在经济学中的应用曾有过激烈的争论。但这场争端现在已经平息了。我的电子邮箱刚刚收到某权威学术期刊的最新一期，发现出奇地精简：只收录了六篇文章，而每篇文章的作者都以一个或多个等式的形式阐述其基本内容（其中一篇文章基本上全由方程组成，另外五篇还加入了对经验数据的引用，这一点我后面会再讲到）。这种阐述方式是自然而然、顺理成章的，主要是因为大多数经济学研究都与商品和服务的数量及其价格有关。比如前文的第一个例子中，研究对象是多种类型劳动的时长或年限与对应的工资率；第二个例子则是研究各种医疗服务的数量及其成本或价格。这里面的"价格"和"数量"本质上都是数值，而数学方程正是专门处理数值的智识工具，并且已经发展了数个世纪，如果不用它来处理数据，可以说是十分愚蠢的。用数学方法建立模型能够增加模型的精确度，但不能增强其真实性。因为无论如何，模型是不可能超越其内在的经济理论的。

因此，经济学模型一般由几个方程组成，通常都是相对简单的方程。经济学家用方程（或不等式）来表示不同"变量"之间的关系，这些变量的名字通常就体现了它的含义（如工资率、就业率或美元–欧元汇率）。这些"变量"中的每一个都应该对应实体经济中可观测、可计量的某种事物，否则我们就是在浪费时间。但问题是，这些事物在现实世界中的发展是否与模型的描述大体一致？请相信我：这个问题听起来简单，实际要复杂得多。

尝试构建（或测试）模型时，要注意相应可观测值的发展方向是否与模型表述的大致相同。如果模型预测某变量会出现急转趋势，那么在现实中，变量对应的事物会出现这样的趋势吗？如果模型预测另一个变量会出现弯曲趋势，那么我们真的会观测到弯曲吗？模型是否"与数据一致"呢？诚然，数据与模型是不可能完美弥合的，即使近乎完美也不可能实现，而这就是麻烦的开始——为什么会出现这些误差？这些误差是可接受的吗？一个显而易见的相关原因是，模型不是现实的精准再现，甚至可以说"精准再现"并不是建立模型的本意。这就如同一张好的路线图，设计的本意是为了引导司机更好地驾驶，并不是要精准地再现道路。第二个相关原因是，可观测的事物和与其同名的理论性概念并不完全匹配——概念是以经济学家的思维方式，基于分析意义而定义的；而现实中可观测的事物，则是为一些不同的目的服务，比如监管、税收或会计。

但这些误差的来源与第三个问题相比就显得微不足道了。经济学家的研究对象是某种机制，是经济体中的某个部分。但由于这一部分与整体经济紧密相连、息息相关，因此会不可避免地受到一些未经研究的经济领域的影响（我们称之为"冲击"或"干扰"）。问题也因此出现：当观测值表现出急转趋势的时候，我们如何知道这一趋势是出于模型预测的原因，还是由于它对一些未知的"外部"冲击作出了反应？或者换种说法，如果观测值呈现弯曲趋势，究竟是因为模型是完全错误的，还是说模型是正确的，只是由于模型受到的外部冲击过大，导致观测值偏离原轨迹？（如果你认为，将模型进行扩展以使之适应这些冲击就能解决问题，那未免太简单了。同样的问题也会出现在覆盖范围更大的模型中——没有人能为每一个概念都建立巨细无遗的模型。）有大量的文献讨论这个难题，相关争论也将长期存在。

为了克服这一问题，许多领域的学者采用了控制实验的方式。如果一个实验室科学家能够真正地分离出大自然的一小部分，他/她就可以信心满满地认为，观测值之间的关系不会受来自外部的无关力量影响。接下来，如果观测值的表现与理论不符，要么是存在测量误差，要么就是理论有错误。经济学领域没有为这类实验室型的实验提供太多合适的土壤，研究空间很小。尽管也有一些经济学家做了有趣的控制实验，但由于财政等其他原因，这类实验只涉及了一小部分的领域。相反地，学者对"自然条件下的"实验进行了不断地探索。这类实验的环境中通常存在由历史造成的单一主导原因，因此可以用理论来衡量和比较这一单一因素的影响。一个著名的例子就是，戴维·卡德在本书第41页提到的古巴移民流入迈阿密劳动力市场的实验。

然而，在很大程度上，本书收录的经济学家们每日（当然也有夜晚）都在试图探索部分经济领域的理论逻辑，试图找到一套既不复杂得难以让人理解，也不简单到缺乏可信度的逻辑。他们一直在检查这套逻辑（模型）的实际意义是否与已知或可知的事实相吻合，试图用统计方法或天赋的智慧，尽量屏蔽与关键问题无关的"外部干扰"的影响，直接进行观察。他们也知道，无论他们做什么，日后都会被某些寻找论文题目的聪慧的后辈质疑。但没有人喜欢犯错。所以，当你在后文读到一位学者对一个宏观问题作出了简短的回答时，你应该明白，这并不是一个即兴回答，也不仅仅是个人观点，而是学者对悠久历史中许多经济学家智慧结晶的提炼，它们来自数据和模型之间的相互印证，有时还来自人们的常识。

读者会注意到，本书中提出的问题涵盖极其多样的领域，远远超出GDP和股市的范畴。正是这些问题刺激了这些经济学家及其前辈学者开展研究。在大多数情况下，经济学家运用在课堂、课本和文献中培育的人类共通的思维机制来解决这些问题。这种思维机制通常由利己驱动，表现为一种贪婪与理性相结合的目标追寻行为。当然，并非所有人都如此：卡尼曼（第109页）和塞勒（第217页）便对此提出了警告。在经济学模型中诉诸贪婪与理性的经济学家们也受到了诸多批评。常见的批评即对著名的"理性经济人"假设[1]荒谬性的批判。我认为这种批评与其说是错误的，不如说是方向有误。经济学不必假设人们在所有的行为中都会自然表现出贪婪和理性，因为人并不是这样的。如果一个男人、一个女人或一对夫妇仅仅为了有效率地从孩子身上挣钱，便把自己的孩子当作纯粹的资产来购买、出售或安排，那么大家一定都觉得他们的行为不仅怪异，更可以说是卑鄙了；但是，如果同一对夫妇购买、出售和安置自己的土地、资本资产或技能，来有效率地经营一家企业并实现盈利，那么他们的行为就是常规行为。资本主义社会（以及其他意识形态的社会）会将某些活动定义为合法范畴的贪婪和理性（也可能反过来将一些行为定义为非法性质的），具体请参阅达斯古普塔（第49页）和森（第189页）的回答。本书收录的经济学家对人类动机的解释大多极有见地，值得一读。

美国经济协会是经济学界的主要学术团体，目前约有两万名成员，当然，并非所有成员都在大学工作。本书只拍摄了其中90名成员的肖像照片，而他们都是（或者曾经是）学者。这90人是如何挑选的呢？他们在某些方面是经济学家这一身份的典范吗？

这90人当然不是从学院派的经济学家中随机抽样而来，也不是根据任何明确的规定筛选出的。事实非常简单。在这个项目开始时，我需要向玛丽安娜·库克提议一些拍摄的人选，并在她第一次发出邀请时将她介绍给对方。所以本书的拍摄对象名录，其实是一个（非常不完整的！）我所认识的、喜爱的、尊敬的、敬佩的

1　"理性经济人"假设，即假定人思考和行为都是目标理性的，唯一试图获得的经济好处就是物质性补偿的最大化，常用作经济学分析的基本假设。——译者注

学者名单，没有进行任何系统性的筛选，但大多为公认的杰出学者。毫无疑问，这是一个有偏差的清单，偏差存在于地理上、方法上、思想上，或者存在于其他我暂未发现的方面。（但其中并不包括性别偏见。本书收录了17位女性，而我曾了解到，在美国，只有大约1/8的经济学正教授是女性。这一比例为何如此之低也是一个值得讨论的问题。）本书收录的学者主要在精英大学的经济系任教，少数也在商学院任教。麻省理工学院的学者人数偏多，但这只是出于个人情怀——那是我以教师身份度过一生的地方。

下面来谈谈意识形态。大家都知道，社会上有可靠的"保守派"和"自由派"经济学家，在出现热点问题时，他们的言论通常会被对立方（以片段的形式）引用。毫无疑问，自由派经济学家在本书中所占比例过高，因为我就是其中之一。对立场的关注很无聊，但有趣的是思考意识形态在经济研究日常工作中起到的作用。我可以试着描绘出大多数经济学家的日常工作方式：他们会从一个看起来合理的模型或简化的图景着手，以部分继承前人成果、部分原创的方式，描述实体经济中或大或小的某个方面，然后翻来覆去地处理他们能找到的一切可观测值，看看这个模型是否贴切地阐述了实际场景，希望模型是对的（但有的时候他们的目的是证伪某个模型，而不是证实模型）。那意识形态的作用在哪里体现呢？

我的猜测隐含在我所讲述的研究过程中。这里面最大的困难便是相关观测值总会受到经济和模型中没有包含的其他因素的影响，模型也不可能将所有未知的因素囊括其中。经济学家做的很多工作都是为了努力将这些外力纳入模型，这样就可以看出模型是否有效。而要实现这一点，极少有（如果真的有的话）直接的、机械的方法可以利用，只能依靠个人的独创巧思，可谓"八仙过海，各显神通"。在这个阶段，研究人员可能会因为个人偏见，在不自知的情况下，使"天平"朝着期望的方向倾斜。（我想起了很久以前，我和我的朋友不知不觉地试图倾斜弹球机，使球朝正确的方向移动，而不触发倾斜警报。）这样描述的确不甚清楚，但如果再展开论述就会进入晦涩难懂的技术性问题了。

那么，当经济学研究被意识形态偏见或其他偏见侵染时，是否有内在的防御机制能发出警报呢？是的，这种警报机制不仅存在，而且效果相当不错，但它并不完美。第一道防线是同行审议。目前，当研究成果被投稿至有声誉的学术期刊后，都应由该领域内至少两位匿名专家进行阅读和批判性地评审。这些"裁判员"通常在该研究领域具有学术上的紧密关联，因此他们主观上有意愿清除一些马虎或不可靠的研究。

还有第二道防线，它至少与同行审议同样重要。大学里的经济专业中挤满了聪明又精力充沛的研究生和初级教师，他们总是在浏览各自专业的研究手稿和已发表的大量文献。对于他们来说，在一些先前的权威作品中找出错误、弱点或偏见，可能带来一份工作、一次升职，或在行业内打出"后浪"的名声。如果研究结果不可靠，那可不容易逃过他们的眼睛。当然，有时一群学者可能会形成小联盟并互相维护，特别是在高层的帮助下，这一状况很可能出现。我的一些朋友似乎确实能够在不触发警报的情况下使弹球机倾斜，但他们似乎从来没能靠这种小伎俩发财。

约翰·梅纳德·凯恩斯曾说过，经济学家不是文明的卫士，但他们是文明可能性的守护者。虽然我觉得这样说有点夸张了，但经济机制和经济政策是十分重要的，因此经济学家工作的重要性也不言自明。我们希望通过本书中的图片和文字，向读者展示一些有趣的经济学家和他们的想法。

注：肯尼斯·约瑟夫·阿罗和安东尼·阿特金森的肖像摄于本书"提问—回答"的形式确定之前。遗憾的是，这两位伟大的经济学家在回答问题之前去世了。我们存有玛丽安娜·库克在肖像拍摄期间与阿特金森的谈话记录，以及阿罗为《卓有成效的经济学》（*Fruitful Economics*，Palgrave Macmillan，2015）撰写的一篇文章。作为权宜之计，我尝试从以上内容中各提取出一篇连贯的文章，然后以其作为答案反推出了两个问题。

目 录
Contents

Eco
no
mists

德隆·阿西莫格鲁 Daron Acemoglu

全球气候变化是人类面临的最严峻挑战之一，似乎只有逐步向清洁能源过渡才是唯一可行的长期解决办法。大多数经济分析师和评论家认为这一转变代价高昂，并解释这是因为在转变过程中，能源消耗将减少，甚至可能会引发经济长期处于较低增长的局面。出于这种考虑，经济学家在世界主要的经济模式中，均提出了逐步增加碳税的建议（以减缓因税额大幅增加而导致的产出紧缩），另一个共识则是这类税收必定会随着时间的推移而增加。

然而，这些经济分析忽视了技术变革的内生性和定向性。许多不同的技术路径之间经常具有高度的相互替代性（它们有可能得出类似的结果），而社会究竟要选择其中哪条路径，则由企业、工人和政策决定。更具体地说，不同技术的发展速度取决于当前的生产、研究和政策选择，通过将投资和研究向某些技术的方向引导，我们可以改变未来技术的平衡。上述所有内容意味着，在环境方面，通过增加对清洁技术领域（如太阳能、风能、地热和生物技术）的研究和投资，我们可以逐步缩小以化石燃料为基础的能源与替代性清洁能源之间在生产成本上的差距，甚至最终使得清洁能源比传统能源更便宜。换言之，社会最终可以成功实现向清洁技术的过渡。

深入了解技术变革的定向性特质，将从根本上改变我们如何看待和设计环境政策。具体而言，如果技术变革可以被导向，那么最优的环境政策就不应是渐进式的，而应是短期内更为激进式的。原因在于，我们越拖延制定决定性政策，传统能源和替代性清洁技术之间的差距就越大，而弥合这一差距的成本就越高。反过来说，虽然标准的政策会建议采取逐步增加碳税的方式，但其在定向技术变革理论下就不太适用。及早采取决定性的行动有助于缩小传统能源和清洁能源之间的差距，而一旦这一差距缩小甚至弥合，就不需要再采取这种激进的干预措施了。

当考虑技术变革的定向性时，不仅需要考虑政策在推行时机上的变化，还需要考虑其形式上的革新。相比仅仅依靠碳税，最优的环境政策应该同时包含征收碳税和对清洁能源研究的补贴。后者作为一种政策工具，会直接刺激清洁能源技术研究的深入，进而有助于缩小这些新兴技术与传统能源之间的差距。如果没有这类研究补贴，转向清洁能源的技术变革所需的碳税水平可能会高得令人望而却步。清洁能源研究补贴则能够更直接、更经济地实现这一目标。

技术变革的定向性特质不仅改变了最优政策的时间线和形式，而且能使人们对未来持更乐观的态度。如果能够利用碳税和清洁能源研究补贴实现向替代性清洁能源的成功过渡，我们就可以减少碳排放，遏止全球气候变化，而不需要牺牲长期的经济增长（或者至少不用牺牲太多）。

阿娜特·阿德玛蒂 Anat Admati

金融体系旨在为民众、企业和政府在交易、融资、投资和管理风险时提供帮助，但这一体系中充斥着利益冲突、信息不对称以及控制不当。如果缺乏市场力量和有效规则的控制，欺诈性或不计后果的行为，都有可能造成很大的危害。然而，金融欺诈和过度风险的危害往往是不为人所见的，以致造成这些危害的罪魁祸首和帮凶依然可以置身事外、不被追责。

不断出现的丑闻，以及繁荣、萧条和危机的循环也从侧面印证了上述问题。对于这些可预防的危害事件，想要深入探究其根本原因，关键在于理解政府和金融公司之间的共生关系。政客们常常把金融行业视为自身的资金来源，因此默许了过度的风险和存在危害的行为。这种制度并不健康，但极少有人愿意提出质疑。此外，由于这类问题对公众而言既抽象又费解，且不少错误的和误导性的言论将金融体系描述得尽善尽美，加之许多不同的规定都要求我们牺牲金融体系的利益，因此政策辩论往往会受到影响。一些言论声称丑闻和危机是无法预防的，并将责任转移到"几个坏苹果"或不可预见的"冲击事件"上。这些错误言论助长了人们对问题的盲目性，使得相关负责人无须对其失败负责，同样地，也无须对程序或政策作出改进。

只要比较一下金融业和航空业，就可以阐明上述问题。尽管商业航空的运作流程非常复杂：每天有成千上万的航班起飞，飞越不同的管辖区域，最终降落在拥挤的机场，但这一过程相当安全。从制造商到航空公司和监管人员，参与航空安全控制的各方利益在很大程度上与公众的安全利益相一致。重要的是，每当航空安全受到威胁时，几乎总能追究到对应的负责人，并改变相应的政策。相比之下，那些掌握私营和公共金融系统控制权的人，即使在给他人带来风险和造成危害的情况下，也往往能获取个人利益，却很少承担严重后果。这种危害可能尚未被发现，而即便已为人所知，也很难（或不可能）将其与具体的个人或政策联系起来。若适当的责任制度难以建立，系统变革也将无从谈起。

如果政府愿意改善金融体系，那么最有增益的做法则是大幅减少对高风险和低效率债务融资的依赖，提高体系的透明度，令风险、债务负担和不当行为无处藏身。现行的债务管理条例存在设计不当、规定不全和效率低下的问题，其对于相关成本和收益的分析存在缺陷，分析所用信息也容易被操控。另一个有效的做法是对税收和破产条例中的对应部分进行改革，此举会通过外部干预加剧金融行业与社会其他部分之间的利益冲突，但也不无裨益。

加强对金融体系的监管至关重要，其重要程度可与保障航空安全相提并论。在技术层面，通过互联且不透明的金融体系追踪金融承诺和风险敞口并不困难，但这需要更好的国际合作来配合。政府可以积极降低个人举报不当行为的成本，来有效打击欺骗、欺诈等有害行为，并发现逃避规则的行为。为调查此类举报投入更多资源，可以防止不计后果的行为再次出现，阻止其造成持续性危害。

只有通过多数人的集体行动，才能实现正向而积极的变革。这个过程也需要让更多人理解金融体系错在哪里，并提出改进意见。每个人都应该成为金融体系下更精明的消费者，成为更洞悉内情、更积极主动的公民。对公众进行教育，需要经济学家和其他人意识到问题所在，并深入探索，而不能忽视公司治理与政治经济力量之间的关系——这些正是超越金融体系的核心问题。"众人拾柴火焰高"，防止权力滥用，尤其是让政策制定者对公众负责，需要所有人的共同努力。

乔治·阿克洛夫　George Akerlof

根据标准经济学，竞争市场的含义为：在均衡状态下，如不使别人的境况变得更糟，任何人的福利都不可能得到改善。如果遵循经济学中惯常使用的假设——所有人都知道自己想要什么——那么这个命题就是正确的。但人们总能做到这一点吗？人们的一贯做法是什么呢？与上述假设正相反，人们做了很多对自己不利的决定。赌博，抽烟，吸毒，摄入过多的糖、盐和脂肪，酗酒，超支，投错选票，服用宣传得言过其实的药物，深陷不良投资，沉迷电脑游戏等，这样的事情数不胜数。而且，正如我在与罗伯特·席勒合著的《钓愚：操纵与欺骗的经济学》（*Phishing for Phools, The Economics of Manipulation and Deception*）一书中所解释的那样，如果欺骗"愚蠢的"买家有利可图，那么就会有卖家这样做。标准经济学理论也可以对此进行解释：在竞争性市场中，所有获取利润的机会都被占据了。

我们回到这个问题：互联网的发展使线上搜索变得更容易了，那么普通消费者会因此获益吗？最初对这个问题的研究显示，答案是不明确的。一些研究发现，商品（如书籍）的网店价格和门店价格并没有很大的差异，但是杰弗里·布朗（Jeffrey Brown）和奥斯坦·古尔斯比称这些研究提出的问题就是错误的。他们认为应该研究的问题是互联网是否会导致竞争加剧，从而造成线上和线下的价格均普遍降低。他们二人研究了互联网普及之初的定期寿险市场定价，发现在这个时间段（1995—1997年）中，这类保险的平均价格下降了8%~15%——这一结果或许可以归因于互联网的广泛使用。

而OpenTable一类的应用程序则提供了另一种可能性。OpenTable是免费订位的应用程序，它对食客来说似乎是一桩好事，他们可以充分享受一站式服务的便利。假设莫莉家餐厅周五晚上6:30没有空桌了，同类网站就会显示迈克家餐厅仍有空位。而对于餐厅来说，只要收费足够低，OpenTable应该也是个不错的选择。但经济理论告诉我们，恰恰相反，OpenTable可能存在收费过高的问题。在这种情况下，每一个餐馆老板（如莫莉）都会担心，如果她不付这笔费用，她的客人就可能被其他餐馆（如迈克家餐厅）抢走。这样一来，OpenTable就可以向莫莉家、迈克家以及其他所有餐馆收取套牢成本，这些成本要么被顾客承担（抬高商品价格），要么被转嫁给餐馆（餐馆获取更少的利润）。幸运的是，OpenTable的收费可能没有那么高。每桌1美元的预订费用可以被现场预订所花费成本的下降所抵销。并且，即使莫莉每月向OpenTable支付200美元的固定费用，但它提供的便利可能是超值的——其实最坏的情况也只是"物非所值"而已。

但这并不意味着没有严重的过高索价情况。以位于堪萨斯州欧弗兰·帕克（Overland Park），一个运

营"发薪日贷款"[1]的"钓愚"网站为例，这个网站的常用伎俩是清楚地列明贷款的应付利息金额，但避而不提（或至少是非常不明显地标注出）高到离谱的手续费。这类贷款的债务人通常会一次又一次地续期，从而产生高额的续期手续费。贷款公司吸纳了超过450万人（大概率是身处贫困处境的），并从这样的业务模式中获利了数十亿美元。后来，这家公司的老板斯科特·塔克（Scott Tucker）被判处监禁200个月。这是一个真实的"钓愚"故事，也表明持续保护消费者线上交易安全的必要性。

1　发薪日贷款（payday lender），或者叫作高利贷发薪日贷款。这是一种小额、短期贷款，用于贷款人下一次发薪之前临时急用（因此还款日期也就是下次发薪之时）。——译者注

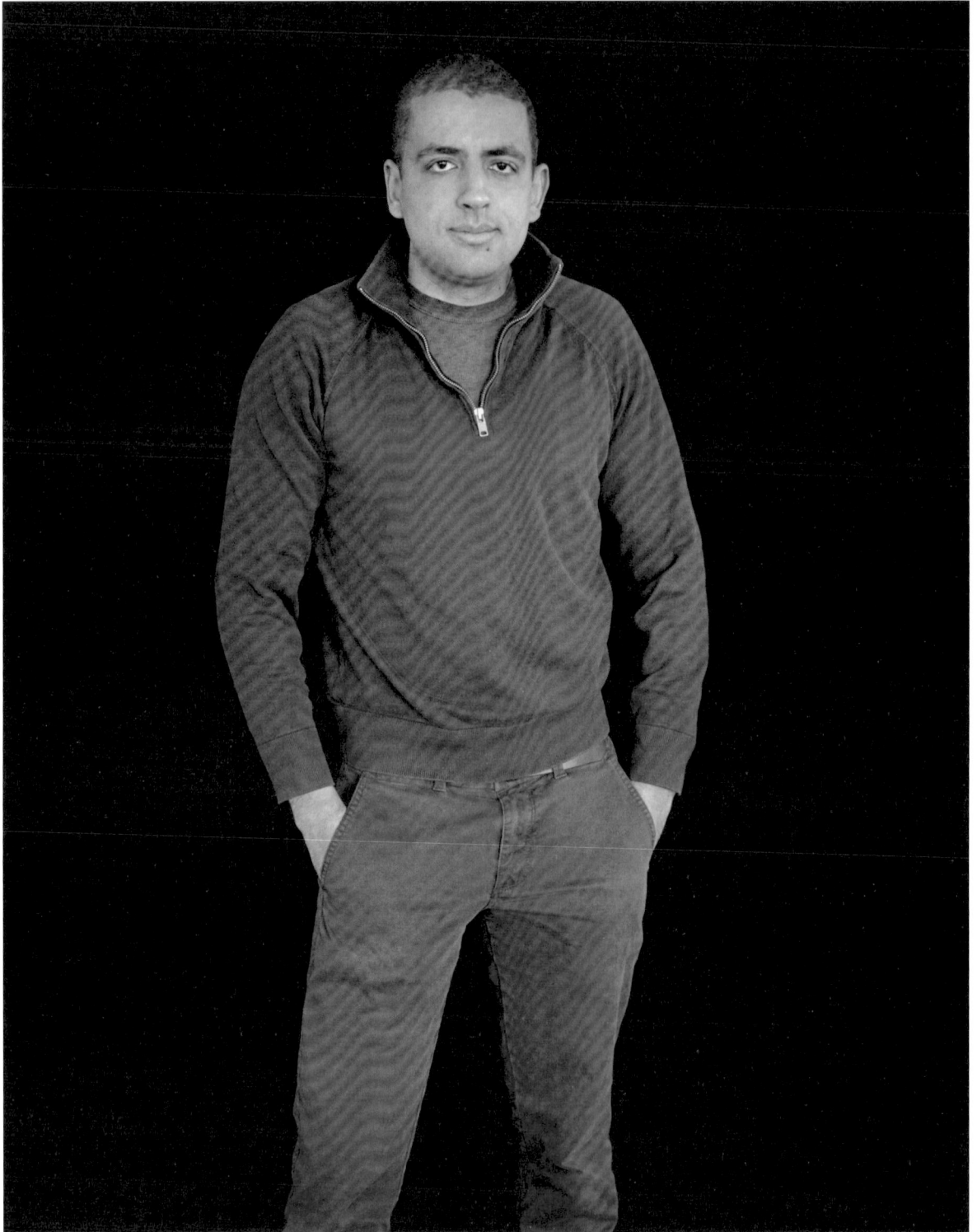

以赛亚·安德鲁斯　Isaiah Andrews

预测宏观经济政策的效果是一件十分困难的事情，部分原因在于我们无法用实验验证。政策制定者通过实施财政刺激政策或改变利率，来应对经济形势的变化。因此，当我们同时观察一段时间内的政策和经济状况时，很难确定究竟是政策的实施影响了经济走向，还是经济变化影响了政策制定。

为了解决这个挑战性问题，我们可以挑选出历史上一些政策变化与经济状况无关的时期，然后研究政策变化后的经济表现。然而，此类事件相对少见，本质上不具有代表性。因此，以这种方法开展研究，只有较少的数据可供使用，而且可能会产生与正常时期的经济政策效果差异很大的预期结果。

另一种方法是，我们可以通过将数据拟合到一个模型中来估测政策的效果。如果通过这样的拟合模型预测出的政策变化对经济的影响，与我们预期的经济自然演变的模式有所不同，那么我们就可以从模型出发观察数据，分析出其中的因果关系。但不巧的是，许多现代宏观经济模型并不能达成这一目的。即使我们假设这些模型是正确的，可用的数据量也不允许我们对政策的效果作出精确的预测。因此，在许多情况下，这类模型只能为我们理解因果关系提供十分有限的帮助。

由于模型充其量只是对现实的近似描述，因此，如果在估测政策效果时只追求模型对数据的拟合优度，可能会加大错误建模的风险。只有能在数据中捕捉到经济模式与政策之间关系的模型，才能够帮助我们预测政策的效果。在实践中，宏观经济模型与数据的某些方面拟合得很差，而且通常我们并没有弄清楚这些建模误差对模型预测结果的影响究竟如何。这样一来，即使模型给出了精确的预测，我们也不确定是否应该相信这些预测结果。

即便不考虑因果关系的问题，预测宏观经济的走向也并非易事。基于数据驱动的预测方法都建立在一个假设上，即从过往模式中观测出的信息有助于预测未来的状况。但随着时间的推移，经济状况也会发生变化，同样的模式并不一定会持续下去。宏观经济学家必须认真思索应追溯多久以前的数据，这限制了可供分析的数据量。数据稀缺加大了宏观经济分析师面临的挑战。不过，最近的研究方法中使用了地区和个人数据，从而扩大了分析宏观经济问题时可用数据的范围。

考虑到这一问题的困难程度，可以说即使我们最大限度地利用现有数据，对宏观经济政策效果的预测也乏善可陈。也就是说，这一领域在未来仍有相当大的改进空间。

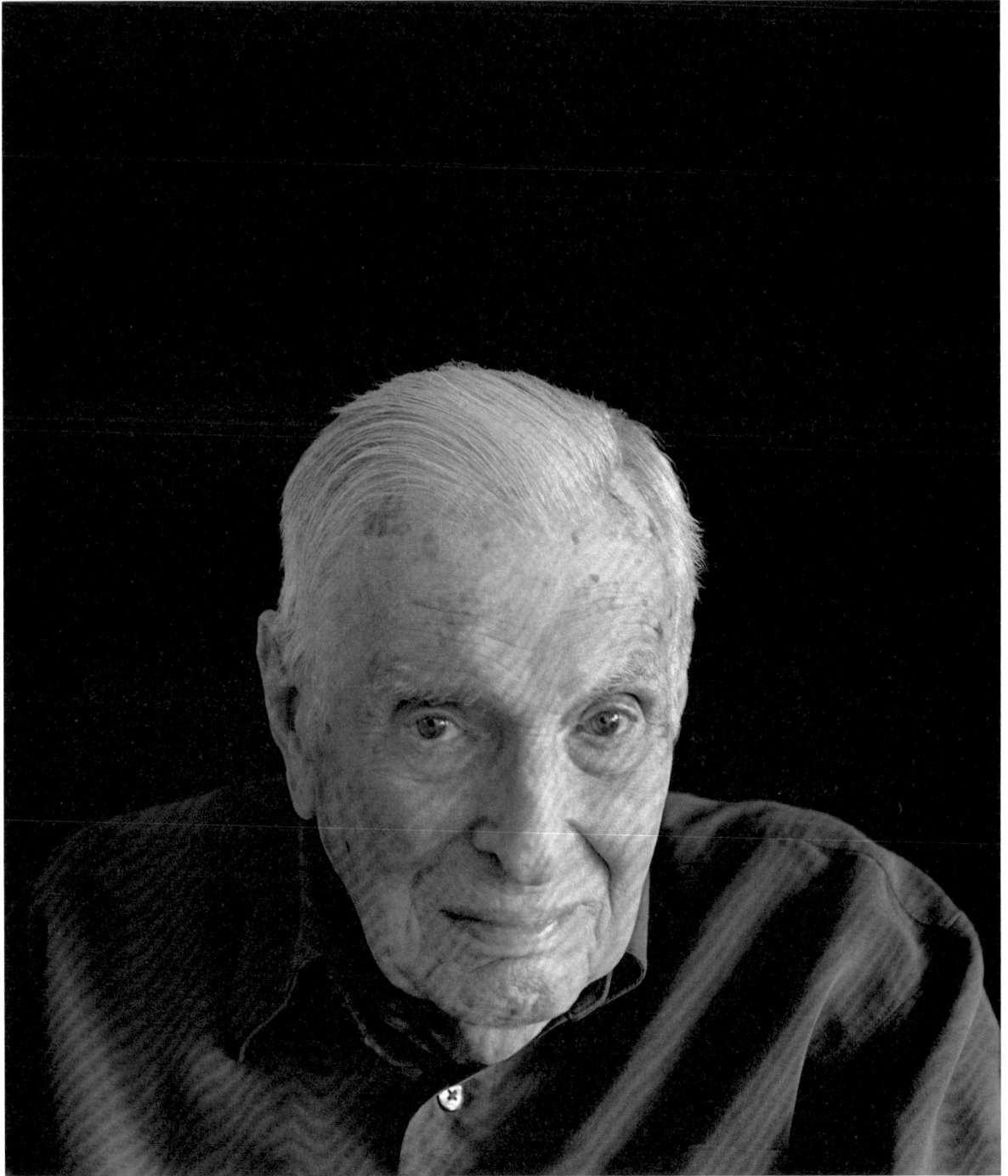

肯尼斯·阿罗　Kenneth Arrow

我们用"福利状况表"（welfare statement）来描述价值和体现价值的变量。其中，变量就是被度量的商品，价值则由消费者行为推导而来。在标准经济分析中，我们假定这些商品都是在竞争市场上购买的，因此其（边际）价值与价格成正比。

然而，许多归为福利领域的商品的经济属性，在市场中没有得到很好的体现。这种商品（至少）有两大类：具有外部性的产品（或者更具体地说，即公共产品）和未来商品。

让我们先看外部性。外部性的表现既可能显而易见，也可能难以察觉。以水和空气为例，它们在空间中流动，被称为"易耗资源"。显然，私有财产的范围并不能细化至每一滴水或每一个氮分子、氧分子。但水是有价值的，特别是在依赖灌溉的地区，比如我的家乡加利福尼亚州。因此，我们制定了一套非常复杂的产权法，但这在很大程度上反而成了低效率行为的强烈诱因。举例来说，产权法规定，农民或其他所有者必须使用分配给他们的水资源，否则就会失去水的使用权。这一规定极有可能导致他们为了保留未来使用水的权利，选择将水用于低价值的活动。虽然空气并不是稀缺资源，但空气和水都可能成为有毒物质的载体。而实际上，关于外部性，教科书上最经典的案例就是空气污染。

当然，我们在衡量福利水平时应该考虑到这些外部性因素。但现在的问题是：当市场中并没有对外部性进行"标价"时，我们如何为外部性定价呢？可行的解决方案是找到外部性与某个市场的接触点。一个突出的例子是理查德·塞勒和舍温·罗森（Sherwin Rosen）提出的"统计意义上生命的价值"（VSL）。他们指出，各行业的意外死亡风险各不相同，如果控制其他变量，则工资水平会随着意外死亡概率的增加而增加。的确，在比较不同国家或不同时期的福利水平时，生命健康的价值也是一个非常重要的修正因子。

未来商品的问题则与现在各行各业对可持续性的兴趣密切相关。在收入项中，它对应分类账中的存款以及投资。在目前的国民收入核算系统中，最不应该出现的问题就是忽略了自然资源折旧，这种忽略甚至出现在国民生产净值（NNP）的计算中。没有考虑到国民生产总值（GNP）的贬值，也是一个非常明显的谬误。对此唯一的辩护可能是，从统计学的角度来看，折旧无法准确计量，主要原因是缺少二手资本商品交易的市场。

最近，人们开始关注财富的可持续性问题。对待未来的消费，我们必须像对当前的消费一样重视，并考虑健康等所有未来的外部性因素。当我们限定在某个时期内来审视某些概念时，这些概念似乎完全相同；但如果放眼未来，考虑到时间的发展，这些概念就会变得十分不同，比如资本存量的概念。这一概念最初是为了描述土地和再生资本（建筑物和机器），它具有三个特点：(1)它是生产性的，即增加资本量可以增加商品的产出，包括健康；(2)对所有者来说，它构成价值储存，可用于当前和未来的消费；(3)它可以转让。现在，资本概念已经大大扩展，最明显的是扩展到了人力资本和健康领域。然而，必须指出的是，这类概念的扩展依然存在不少问题。比如，人力资本满足条件（1）和（2），但不满足条件（3），因为人力资本与特定的人有着不可分割的联系。健康资本（未来生命年限的折现值）只满足条件（2），且只能用于未来的健康，而不能用于其他种类的消费。

我们在试图建立衡量社会财富的总体指标时，都应该将以上内容纳入考量范围。财富的总体指标指涉的是经济潜力的概念，即对国民收入的动态模拟。

　　注：以上内容编辑节选自埃卢瓦·洛朗（Éloi Laurent）和雅克·勒卡舍（Jacques Le Cacheux）的《卓有成效的经济学：让－保罗·菲图西纪念文集》（*Fruitful Economics: Papers in Honour of and by Jean-Paul Fitoussi*）。该书于 2015 年由帕尔格雷夫·麦克米伦出版社（Palgrave Macmillan）出版。

奥利·阿什菲尔特 Orley Ashenfelter

在经济和生产力的世界，出现了一些问题。当我还是研究生的时候，在构建决定工资或价格的宏观经济模型时，大家（包括我本人在内）很常用的做法是假设实际工资增长率（以购买力衡量的工资增长率）等同于劳动生产率增长（每小时工作产出量的增长）。这一关系可以应用在很多方面。由于实际工资增长率只是名义工资增长率减去物价增长率（通货膨胀率），同样可以说通货膨胀率等于名义工资增长率减去劳动生产率的增长。如果将生产率增长假设为外生变量，那么名义工资决定理论也是一种通货膨胀理论。

此外，当实际工资增长率和劳动生产率增长相等时，劳动收入（以及资本收益）在总产值（国民总收入）中所占的份额是一个常数。

虽然很难放弃一些久经考验的旧假设，但经济学家们已经开始慢慢地进行调整。然而，在抛弃旧的经验假设的同时，人们又开始对生产率增长的总体速度感到不安，因为按照"二战"后一定时期的标准，生产率增长比过去低了1至3个百分点。工资增长速度慢于生产率增长速度，这意味着劳动力在国民收入中所占的份额已经下降，而且国民收入的增长也十分缓慢。

这种情况引起了工人阶级的不安，这一点不足为奇。富人阶级——尤其是那些从资本中获得收益的富人——依然可以过着衣食无忧的生活。但与此同时，普通工人的工资增长则陷入停滞，这些人的父辈还可以依靠有规律的实际工资增长解决生计问题，但此时的他们就没有那么幸运了。

导致这些变化的原因是什么呢？对技术变革性质的一些假设，揭示了整体生产率增长放缓的主要原因。不止一位评论家指出，20世纪是飞机和汽车的时代，而21世纪则是社交媒体的时代。尽管这种对比带有玩笑意味，但提到的这些创新有一个共同点：它们都使其他老牌产业受到了冲击。在飞机和汽车时代，受到冲击的是其他交通方式；而社交媒体时代，因为其盈利几乎完全来自广告，导致其他由广告支持的行业（尤其是报刊业）受到了干扰。也许这样就能很好地理解，为什么以前的创新方式能与生产力的大幅增长联系起来了。

第二个原因是教育在生产力中扮演的角色及其对生产力的影响，但有关这一问题的讨论较少。人们现在已经清楚地认识到，较高的教育水平对应较高的个人工资。尽管不能完全排除造成这种对应关系的其他原因，但事实已经有力地表明，教育水平与更高的工资、生产力之间存在因果关系。可是，并没有证据表明美国人口的教育水平停滞不前。尽管美国教育水平的增长没有其他发展中国家那么快，但仍在许多方面表现出可喜的进步。例如，美国国家教育统计中心的报告称，在过去20年中，"状态辍学率"（Status dropout rate，年龄在16岁至24岁、不在学校接受教育且没有高中学历的人的百分比）稳步下降，已从2000年的10.9%下降到2015年的5.9%。高等教育素养水平也有所提高。

近年来，我开始认为，美国经济的变化还涉及另一个被低估的因素，即产品和劳动力市场竞争的减弱。利润率的增加可能来自产品或劳动力市场的竞争

失灵。不论是卖方垄断还是买方垄断的加剧，都会导致劳动收入在国民总收入中所占的比重进一步降低。在过去的几十年里，大规模的合并使得许多产品市场的竞争减少，这种合并一度被认为是良性的、能够提高效率的，但事实表明情况恰恰相反。同样，在本地化的劳动力市场上普遍达成的"不挖墙脚协议"，以及我们观察到的劳动力流动性的降低和工会的实际消亡，均表明劳动力市场也可能普遍存在竞争失灵。经济学家们一直不愿改变对产品和劳动力市场竞争程度的看法，但这种心态在未来也许会有所改变。

苏珊·艾希 Susan Athey

20世纪90年代最早获得成功的电子商务公司之一是易趣（eBay），它是一个商品交易的平台。在21世纪的第二个十年，一系列新的交易平台陆续涌现，其中包括优步（Uber）、来福车（Lyft）、爱彼迎（Airbnb）以及罗孚（Rover.com），它们分别提供交通、房屋租赁和照看宠物狗的服务。在2016年美国总统大选中，脸书（Facebook）[1]等数字媒介在决定用户以何种方式接收新闻这一方面，扮演了至关重要的角色。那么，这些交易平台和中间商对经济有什么影响呢？

交易平台解决了几个方面的问题。

第一，解决了搜索、发现和匹配的问题。交易平台能帮助消费者找到提供心仪商品或服务的卖家。

第二，解决了短期关系的问题。一般来说，没有意愿进行再次交易的消费者和卖家往往也缺乏履行承诺的动力，但当买卖双方都与平台反复接洽时，平台便可以制约双方，使其进行合规交易，并通过评论等机制为买卖双方提供声誉支持。此外，这类平台还负责处理支付流程，通常平台会在交易确认完成前代为托管资金，并制定处理争议的规则。交易平台还会以其他方式激励合规的行为，可能会把回复快、发货快、声誉好的卖家显示在搜索结果中排名更靠前的位置。同时，交易平台也会制定一些"市场设计"规则，比如支付结构应该是怎么样的，谁支付，谁可以参与，以及如何对待新手用户等。

第三，交易平台能为消费者提供更广泛、更个性化的同类产品选择，使用户能在几分钟内打到车，能轻松找到设施便利的度假屋，甚至连购买停产商品的替换零件都不在话下。对于卖家而言，平台则提供了一种将资源向更高价值方向分配的途径，包括售卖堆满衣柜的旧衣服，以及利用课间或孩子们上学时的空闲时间打零工等——一些人已经以"零工经济"[2]为生了。近期，经济学家们开始搜集事实证据，试图证明在零工经济中，工作的灵活性对从业者来说尤其重要。过去存在一些专门解决交易双方信任和声誉问题的中间商，而现在他们常常被交易平台取代，如面向消费者的豪华轿车调度服务公司和帮助出租车司机寻找接机行程的公司等。现代的交易平台一般只与个人卖家直接建立联系。这样的交易平台往往可以促进经济活动大规模扩张。而在其出现之前，人口密度较低的城市和郊区只有少数出租车营业，乘客需要等待的时间也比较长。

第四，交易平台改变了卖家提供高质量商品或服务的动机。在平台上，交易表现和声誉的评价对象是提供商品或服务的个人，而不是像过去一样，以车队或整个出租车公司为评价对象。平台同时采取了线上

1　脸书（Face book）现已更名为"元宇宙"（Meta）。——译者注

2　零工经济（Gig Economy）指的是由工作量不多的自由职业者构成的经济领域，利用互联网和移动技术快速匹配供需方。主要包括群体工作和经应用程序接洽的按需工作两种方式。——译者注

监督和更强大的优质商品（服务）激励机制。在多数情况下，把竞争控制在个人供应商的层面上，会为市场带来更高质量的商品和服务，但并非一向如此。以新闻为例，读者过去常常根据报业公司的声誉来选择报纸；但在网络世界，脸书或新闻门户上的各类文章争相以吸睛的标题和片段抢夺点击量，不正当的激励使"标题党"文章不断涌现，而高质量报道并没有应运而生。

随着行业转型，交易平台也会产生负面影响。举例来说，一个出租车司机以抵押贷款的方式购买了出租车牌照，如果该牌照不再有价值，那么他就要承担损失。随着供应量的增加，出租车收费的均衡价格可能会下降，在市场上工作的出租车司机的时薪也会随之降低（但他们为消费者提供了大量增益，并促进了付费交通方面的消费）。总的来说，对福利的影响必须根据具体情况进行评估。

安东尼·阿特金森　Anthony Atkinson

过去，经济服务于广泛的社会，但现在似乎角色颠倒了，变成了社会为经济发展服务。在我看来，经济学不仅应该理解市场，还应该关注各种市场对人们产生的影响。

我的经济学之旅并不是一路顺遂的。早年间，我在德国汉堡一个经济萧条地区的医院当护士，这段经历激发了我对社会科学的兴趣。虽然我一开始是被剑桥大学数学系录取的，但在一年后我转而学习社会科学，并对经济学及其与经济、社会政策的关系产生了兴趣。我写的第一本书《英国的贫困与社会保障改革》（*Poverty in Britain and the Reform of Social Security*）在当时引起了不小的轰动。那时美国已经发动了消除贫困的"战争"，一些重要的计划也应运而生，如联邦医疗补助（Medicaid）、教育开端计划（Head Start），以及学校早餐计划等，这些计划旨在解决美国的贫困问题——尽管美国是一个富有的国家，但贫困问题依旧普遍存在。在约翰逊总统执政时期，美国通过反贫困立法极大地降低了国家的贫困水平。我认为英国也存在与美国类似的问题，特别是儿童贫困问题，因此可以效仿美国的做法加以解决。

尽管目前来看，英国的不平等问题尚未升级，但美国的例子表明，不平等现象一直沿着一条近似"V"形的路径发展。在20世纪50年代到70年代，美国的不平等现象缓慢改善；但从20世纪80年代开始，不平等现象开始反向加剧，而且恶化的速度越来越快。大多数经济学家认为，这种不平等现象迅速加剧的原因是全球化和技术发展，我要小声插一句，他们的潜台词是"这种不平等状况的恶化是我们无能为力的"，因为全球化是不可阻挡的趋势，就像技术的不断发展一样，两者都是人力无法阻止的进程。

其实，全球化和技术发展的轨迹无法更改这一假设是完全错误的，因为这两种情况都是由人类控制的。贸易磋商等各种各样的因素，都能够对全球化进程产生影响。同样，技术创新也并非既定事实。以无人驾驶汽车为例，汽车制造商已经承认，对无人驾驶汽车的需求是由汽车厂商自己创造的，而不是消费者。无人驾驶汽车技术的发展实际上是为了美国汽车工业能够盈利，而不是为了满足大量消费者的需求。在欧洲，我们正在向无人驾驶汽车的研发投入大量资金；而欧盟正是利用政府资金来推动这一技术进步的。也就是说，技术创新，甚至说所有类型的创新，其实都是人类主动的选择。

如果不投资无人驾驶汽车，我们或许可以转而投资"无人厨房"。无人厨房是一种可以帮助老年人的技术。一些不能做饭的老年人无法自己独立生活，我母亲就是一个很好的例子。她会把平底锅放上灶台，开火，离开厨房，然后在三个小时后回来，还想不通为什么自己的厨房着火了。无人厨房不仅为老年人独立生活提供了可能性，还可以创造就业机会，因为这些老人仍然需要护工的看护。厨师则不会被这一技术取代，因为餐馆仍然需要人类厨师。那么，为什么他们要投资无人驾驶汽车，而不投资无人厨房呢？原因很简单，因为制造商有意研发无人驾驶汽车，而无意发展后者。

还有一个方面则是失业问题。社会普遍认为全球化、技术创新和失业都是不可改变的进程，但事实并非如此。富裕社会其实是有选择的：他们可以继续走目前的道路，鼓励低工资和低生产率的经济模式，并以此获得高昂的利润；或者可以选择丹麦、挪威、瑞典和法国等国采取的道路，以高工资换取更高的生产率，但利润不会明显下降。

从社会的角度来看，我们应该在如何投资技术创新上有更多的发言权，这样技术创新的选择才不会被制造商的利益所影响。作为经济学家，我们应该秉持这样一个理念：经济学是社会的仆人，而不是社会的主人。

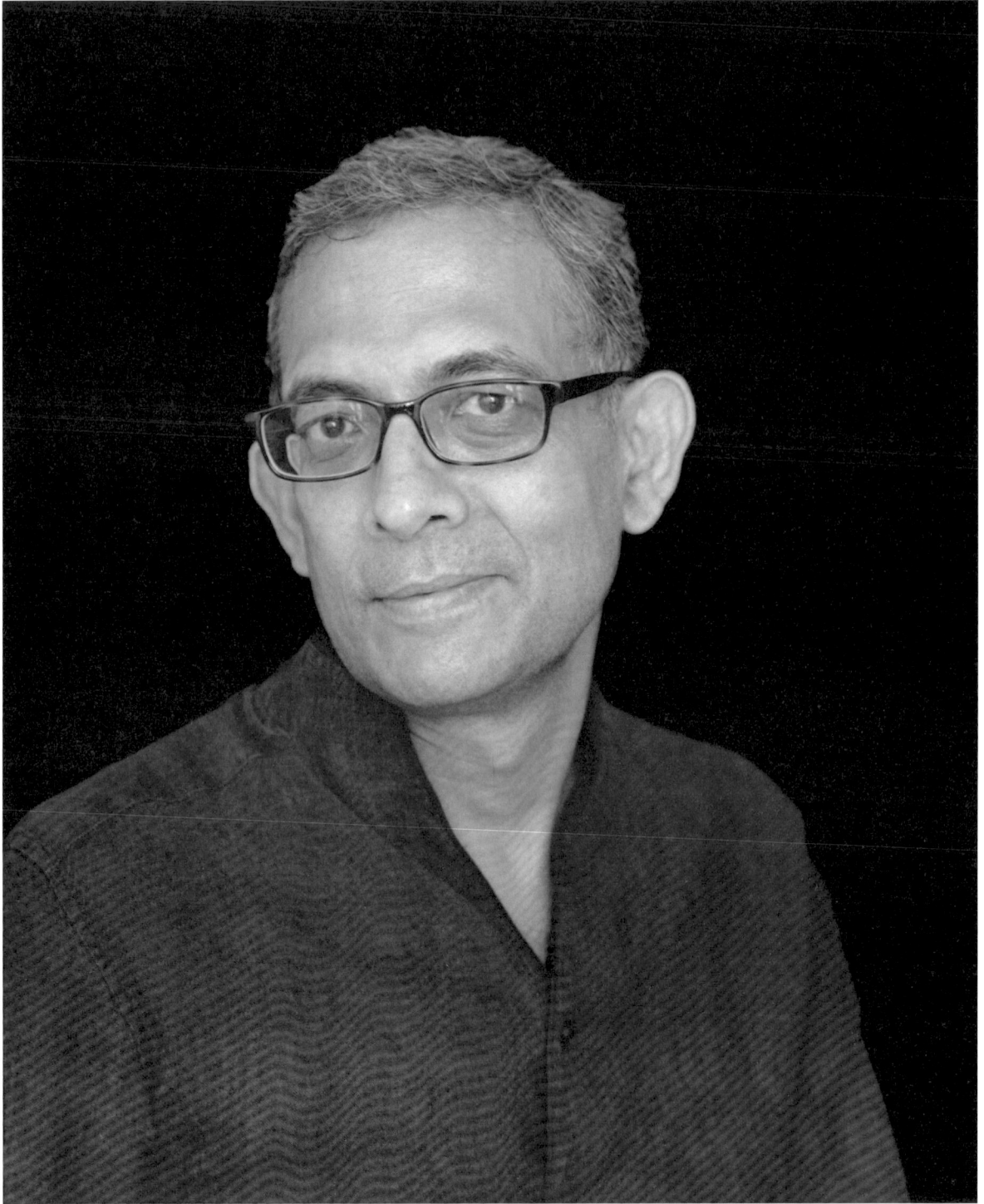

阿比吉特·班纳吉 Abhijit Banerjee

有这样一个事实：如今，国际援助基本上起不到任何作用。但这并不意味着国际援助只能如此无力。50年前，也就是发展中国家更贫困的时候，国际援助可能产生过较大的影响。我隐约记得，在20世纪60年代末印度连年干旱的时候，美国的"粮食换和平"计划[1]向印度援助了大量小麦。人们都说，如果没有这批粮食援助，印度会出现大饥荒。我的意思并不是所有国际援助都是有效的，但这些援助可能会产生非常重大的影响。这无疑引出一个值得思考的问题：如果某个国际援助行动产生了积极的效果，那么它究竟做对了哪些事情呢？国际援助目前仍然存在（还有一些重要的私人慈善机构也在开展类似的援助活动），我们应该努力确保援助行动能够更好地发挥作用，而不是直接放弃援助。

我在前面提到的20世纪60年代末印度那次极度接近饥荒的危机，其实是印度最后一次出现类似的状况。虽然印度如今仍然存在许多饥饿问题，但都不再是因为缺乏食物供应了。拯救印度的是国际农业研究磋商组织（CGIAR）发起的一场成功的国际援助行动，该组织是一个由洛克菲勒基金会、世界银行和联合国等机构创建并资助的战略研究联盟。它致力于开发和试验新的主要作物，正是这些作物极大地改善了亚洲的粮食安全问题。

2003年，随着美国"总统防治艾滋病紧急救援计划"（PEPFAR）的启动，相似的情节再度上演。虽然我们很难严谨地归因因果关系，但已有充分的证据表明，这一计划拯救了撒哈拉以南非洲地区数百万艾滋病毒感染者的生命，并避免了至少100万感染艾滋病毒的婴儿出生。虽然艾滋病的针对性药物已经面世，但受这一疾病影响最严重的国家既没有钱购买药物，也没有能够有效提供药物的系统，而"总统防治艾滋病紧急救援计划"有效地解决了这两个问题。

还有其他的好消息。据世卫组织（WHO）统计，2010年至2015年，非洲因疟疾死亡的人数下降了31%，而这很大程度上要归功于援助组织向儿童提供的经杀虫剂处理的蚊帐。使用蚊帐能有效对抗疟疾的科学道理早已广为人知，但蚊帐的广泛使用却是从各国开始免费发放蚊帐开始的，正是这一点改变了疟疾疫情状况。同时，这样的行动也引发了一场意识形态之战。有一种声音坚决反对免费发放，理由是如果人们轻松地免费获得物品，就不会好好地使用。但"贫穷行动实验室"（Abdul Latif Jameel Poverty Action Lab）的同事们以严谨的证据表明，这些担心是毫无根据的，也为最近蚊帐使用量的飙升扫清了道路。

这些成功案例有几个共同的特点：尝试解决一个非常具体的问题，顺带解决一些科学和社会科学问题。比如，如何将各种小麦品种的优点结合起来？在卫生系统薄弱的地方，如何甄别和对待艾滋病毒感染者？"免费"是否意味着"一文不值"？我们工作的重点应放在严谨地测试各种方法上，并愿意从过去的

---

1 "粮食换和平"计划，即"Food for Peace"。——译者注

您认为富裕国家做什么，以及采取什么样的实际行动，可以最有效地改善贫穷国家民众的生活条件？

经验中学习。

国际援助行动的数量其实并不重要。通常来讲，援助方案是从一个较为宽泛的目标（如优化管理、交通或教育）出发，这个目标往往反映了捐助国的偏好。捐助国也经常提出自己对项目应如何开展的看法，但这些看法并不一定基于清楚的事实，可能比较主观。当面对受援国政府内部（合法的）的敏感因素时，国家间谨慎小心的推拉便无法避免了。所有的对话都要使用外交辞令，需要有意无意地避免难以交涉的问题，最后完成谈判。这样就难怪结果并不总是与预期相符了。

但我们并不一定要遵循这样的方式。国际援助的巨大价值恰恰在于，这样的行动无须面对各国政府所面临的政治限制。捐助国可以自由选择捐助范围，无论捐助的范围多么狭窄，都不应有"一碗水端平"的道德压力。捐助国也可以尝试失败风险很高的事情，如有必要也可以公开承认项目的失败，失败的经历可以成为捐助国政府学习和采纳新思路的绝佳尝试，政府不应担忧被选民指责的风险。这样一来，捐助国才可以最大限度地利用其有限的资金。而且我希望，最终能达成一个良性循环：各国政府提供的援助越来越多，使得选民对各国政府的要求越来越高，而高质量的政府会使援助行动的长期目标得以实现。

本·伯南克 Ben Bernanke

联邦公开市场委员会（FOMC）公布的策略是，将通过逐步取消对到期证券收益的再投资，"自然地"缩减资产负债表。资产负债表的最终规模尚未敲定，但将远低于其峰值。不过，我认为从长期来看，应该将资产负债表尽量保持在目前的规模，我的理由也很充分。

首先，规模庞大的美联储资产负债表可以作为增强金融稳定性的工具。私营部门对安全、流动性强、短期的证券有着极强的需求。美联储可以通过调整银行储备金的形式，或者扩大面向更多交易对手的逆回购（RRP）规模，来提供安全的短期资产，而非完全由私人市场供应，因为后者会刺激市场中的风险行为。然而，为了做到这一点，美联储必须保持资产负债表与当前规模相差不多，并继续开展（或扩大）逆回购计划。

其次，规模较大的资产负债表可以改善货币政策的传导效率。只有联邦基金利率的变化在更大范围的金融环境中有所体现，货币政策才能产生预期的经济效果。美联储可以通过维持较大的逆回购操作力度，使其利率决策更好地传导至货币市场和金融市场中。通过逆回购计划，非银行金融机构可以直接向美联储融入资金并赚取逆回购利息。相比经由银行系统间接传导的货币政策，逆回购计划将短期政策利率和证券市场直接联系起来，美联储也可以减少对间接货币政策工具的依赖。

美联储应长期维持庞大的资产负债表规模的原因还有第三个，而这与美联储在金融危机中的潜在职能有关。在金融恐慌时期，存款人和其他短期融资券发行者集中从金融机构提现，引发挤兑潮，这可能导致流动性不足的机构随意抛售资产（即"甩卖"问题）。各国央行可以充当最后贷款人（即随时准备接受金融机构以良好资产为抵押而提出的贷款要求），弥补流动性不足，避免"甩卖"行为，平息恐慌。但这一方法的前提是金融机构必须愿意借贷，如果机构担心这样的举动会被市场认为其金融实力到了极弱的程度，便可能不愿意借贷，这种拒绝借贷的趋向被称为"污点效应"。在2007年至2009年的金融危机期间，美联储不得不努力消除污点效应。与此形成鲜明对比的是，欧洲企业一般会在正常时期与央行保持常规借贷关系，这意味着在危机期间，它们能通过使用储备金或调整央行借贷水平的方式灵活处理，不会出现金融状况急剧变化的局面，污点效应也因而较弱。如果美联储能够鼓励企业在非危机时期借贷，那么在危机时期，庞大的资产负债表就能更好地发挥美联储作为最后贷款人的重要职能。

一如既往，美联储也面临需要权衡的问题：如果央行向金融体系提供更多的流动性支持，私营部门便会缺乏有效管理自身流动性的动机（即存在道德风险问题）。此外，美国的法律环境比欧洲更加严格，欧洲央行可以向非银行金融机构提供常规贷款，但美联储不能。不过，以上例子依然可以证明，维持银行储备金和机构向美联储借款的较高基准水平，可以减轻污点效应，从而增强美联储有效应对金融恐慌的能力。

美联储资产负债表的规模和构成，不可避免地由一系列复杂的决策决定，这些决策与货币政策管理和央行在预防和应对金融危机中的作用均息息相关。自金融危机发生以来，我们在这两个领域都学到了很多东西，业内也出现了很多支持扩大资产负债表的重要理论。金融危机改变了金融理论，所有事情仿佛都与以前不相同了。

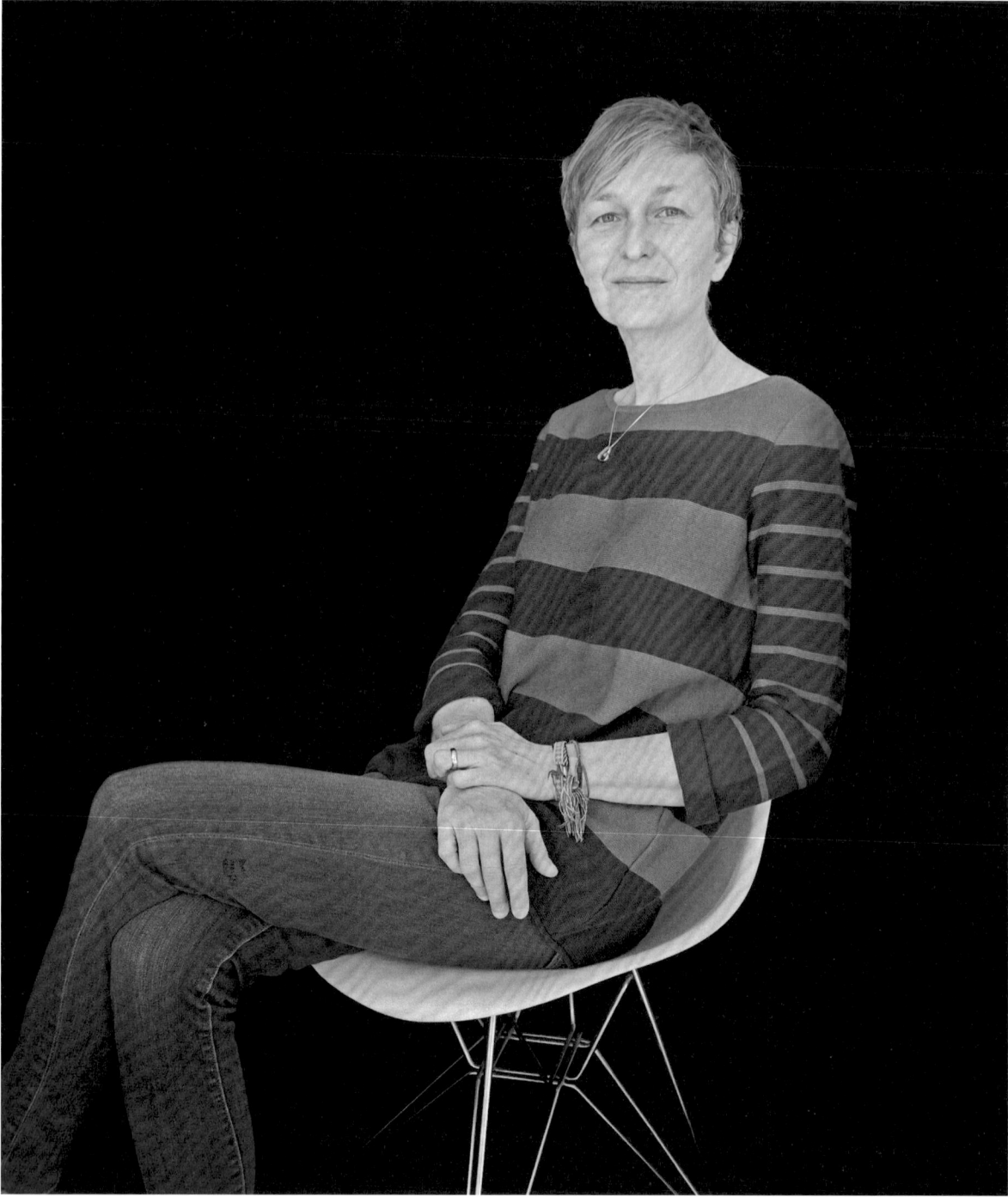

玛丽安·贝特朗 Marianne Bertrand

美国女经济学者地位协会（CSWEP）是美国经济协会（AEA）的一个常设委员会，致力于促进女性经济学家的职业发展，并对其发展过程保持关注。自1993年以来，CSWEP每年对约250个院系进行考察，收集了丰富的调查数据，并勾勒出了一些重要的事实。首先，虽然从1993年到21世纪初，新获授博士学位的女性比例有所上升（从1993年的28%上升到2003年的35%），但这一比例在此后多年并没有进一步提高；而且事实与此正相反，2016年获得博士学位的女性比例仅为32%，低于2003年的水平。其次，在终身教职人员内，级别越高，女性所占的比例越低。2016年的数据显示，助理教授中大约28%是女性，而在副教授和正教授中，女性比例则分别为26%和13%。CSWEP还指出了另一个趋势，即拥有学士学位且主修经济学的女性比例逐年下降，这也显示了未来经济学学术领域中女性的代表性不容乐观。总的来说，在经济学领域，女性群体（和其他少数群体）的发展进程似乎陷入了停滞，也落后于其他学科。

现在还不能很好地解释造成这种情况的原因。

我认为，经济学者应该更好地向女性"营销"自己的工作，这也与我所说的"渠道"问题（即考虑在大学主修经济学的女性太少）有关。本科生也许并不能完全理解经济学家致力于研究的广博问题，许多大学生可能会认为经济学是研究利率、股票价格、通货膨胀、GDP增长、宏观量化建模等问题的学科。诚然，以上这些问题也是许多经济学家研究中的重要内容，但经济学远不止这些！我们中的许多学者致力于利用丰富的经济学工具来理解深刻的社会问题，如收入不平等、代际流动性低、歧视、贫困、气候变化，等等。我坚信，通过更好地呈现我们是谁以及我们在做什么，可以提高经济学者这一职业对年轻女性的吸引力。

一些人认为，经济学学术界中主导的工作风格富于对抗性和敌对性，这种风格也延伸到了研讨会和学术会议中。如果相比男性，女性对这种"野蛮"的文化认同更低，可能就不会进入这一行业，或者即便进入经济学领域，女性退出行业的比例也比男性更高。还有些人认为，经济学界存在一些会阻碍女性取得成就的偏见问题，无论这种性别偏见是有意识的还是无意识的，学术界在解决这类问题方面都做得远远不够。但从我个人的角度，我不确定这些因素在实际环境中会有多大的影响。当然，我知道有些女性因为不喜欢工作环境而放弃了经济学；我也知道有些女性是性别偏见的受害者，她们甚至遭遇过职场骚扰问题。我不了解的是这类问题在这一行业中的普遍程度。但我相信，以上内容都是值得认真思考的问题。最近的一些研究表明体系性问题的确存在。例如，近期一项引起轰动的研究就显示，如果男女经济学家合著论文，那么女性经济学家获得的赞誉会少于共事的男性学者。我很高兴地看到，美国经济协会近期再次承诺将在日后继续投入人力和财力，力图更好地了解经济学界女性和其他未被充分代表的群体所处的环境，同时也致力于支持发掘并采用最佳实践经验，从而促进美国各部门、院系和学校之间实现机会平等和待遇公平。

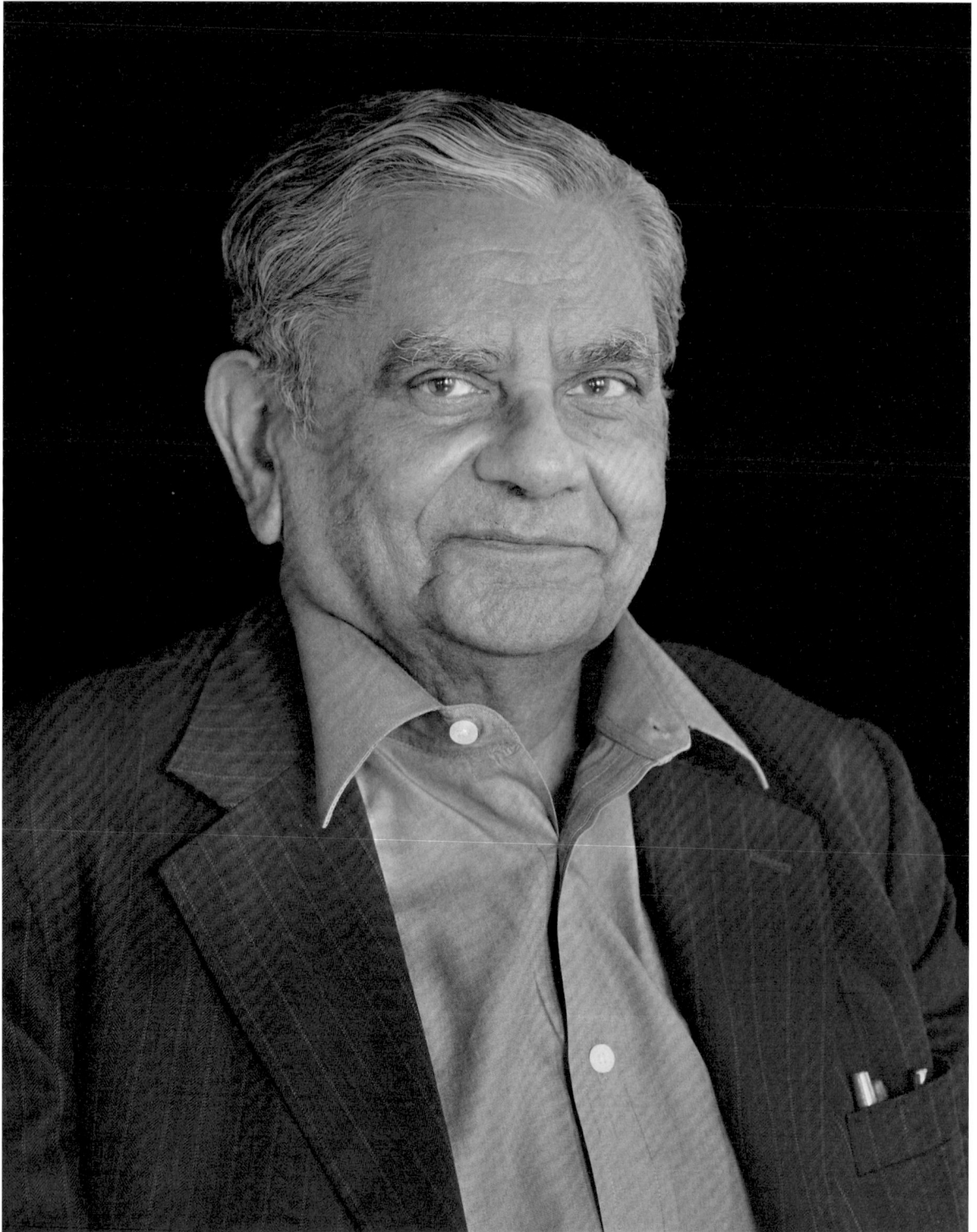

贾格迪什·巴格沃蒂　Jagdish Bhagwati

在19世纪时，人的跨境流动基本上是自由的，但20世纪以来却颇受限制——目前与移民政策有关的辩论都是基于这一事实展开的。针对人员流动的限制既阻挡了寻求更大的经济机会的移民，也阻挡了逃离战争、瘟疫和歧视的难民。

虽然美国南部边境的难民潮最近成了一项重大的政治问题，但美国国内的辩论却集中在由经济移民提出的三个政策问题上：（1）应该接纳多少经济移民；（2）移民配额应该发给什么样的人；（3）如果不再对移民设置限制，那么应该如何处理非法移民。

尽管一些反移民游说人士认为，美国合法移民占总人口的比例过高（2017年这一比例达到了13.7%，创下历史新高），但这也并不能解释这样一种现实：如今，美国经济已十分多元化，市场对非技术性劳动服务（如清洁工和医院工作人员）的需求也已急剧上升。大量美国女性能够进入劳动力市场也得益于那些相对缺乏技能的女性移民，这些移民在女性雇主工作时照顾孩子和料理家务。

但同情劳工的游说人士则认为，移民工人的涌入降低了美国本土工人的工资。他们提出了两个论点，但我认为这两个论点并不正确。第一个论点是，如果移民不愿意接受低工资，则雇主便需被迫以更高的工资雇佣美国本土工人。然而，这是假定雇主能够支付更高工资的情况。如果雇主不能承担更高的工资，那么这一工作岗位也便消失了。雇主还有一个选择，就是将原工作转变为自动化形式。第二个论点是，人们担心在资本和技术条件一定的情况下，劳动力数量的增加会使工资水平降低。但是，以色列和美国的研究表明，只要通过扩大劳动密集型生产相对其他类型生产产出的比例，就可以在不降低工资的情况下，吸收更多的劳动力。

而美国关于移民配额分配的问题现已达成较为广泛的共识。人们普遍认为，应该将原本以家庭类移民为基础的制度，转变为以拍卖名额或加拿大式积分制度为基础的制度。美国前总统特朗普也对现行制度表示反对，他认为这是一种"连锁移民"制度，这种制度忽视了美国的需求。但其实这两种制度都存在问题。

赞成拍卖制度的人士认为，拍卖制度会使美国拥有更具生产力的移民群体，因为生产力越高的人出价也就越高。但这一说法无法令人信服：马科斯总统[1]和杜瓦利埃家族[2]可以出价很高！另一种选择是加拿大式的积分制度，这一制度会给予有技能的潜在移民更高的优先权。有人言之凿凿地指出这将吸引更多有技能的人员来到美国，有助于美国的发展。可是当今世界的经济变化十分迅速，市场对技能的需求是很难预测的。

1　马科斯总统，即费迪南德·马科斯（Ferdinand Marcos），菲律宾前总统。——译者注
2　杜瓦利埃家族，即以海地前总统让－克洛德·杜瓦利埃（Jean-Claude Duvalier）为中心的家族。——译者注

普罗大众关注的问题主要与非法移民有关。美国民众存在一个"左脑/右脑"的分歧问题[1]。有人认为美国是一个移民国家，因此我们理应向非法移民张开怀抱。但另有人说，这些人是非法移民，他们藐视美国的法律，所以我们不应该支持他们。

然而，如果采用人道主义的做法，我们需要解决一千多万非法移民的身份问题，才能带他们走出阴影。许多人，特别是许多民主党人（他们也是出于从移民中获得选票的私利考虑）在讨论，是否可以给非法移民提供一条申请公民身份的途径。但我们知道，只要拥有绿卡，在美人士就可以享有与公民几乎同等的所有权利，因此，我们应该在争取发放绿卡这条争议较小的道路上继续努力。

对于新非法移民涌入的问题，不同政治立场的总统都强调需要加强边境安保。但是，我们应该辅以对外国的援助，为墨西哥的繁荣发展助力，进而从根本上减少墨西哥民众穿越格兰德河的动机。

---

1 即"理性/感性"的问题。——译者注

奥利维尔·布兰查德 Olivier Blanchard

对于这个问题我想从头讲起。人们现在普遍认为，市场经济可能会出现大幅度、低效率的波动，失业率的上升可能远远高于有效的社会再分配所需的水平；或者相反，出现经济过热的情况，引发通胀压力。人们也普遍认为，各国政府应该充分利用其拥有的两种重要政策工具——财政政策和货币政策——来减小经济波动。

简言之，政府可以通过财政政策来影响社会总需求。一方面，可以通过改变公共支出直接影响需求；另一方面，也可以通过税收来调控私人支出，从而间接地影响需求。而货币政策则是通过利率变化来影响私人支出的。

那么如何选择应用哪一个政策呢？在某些情况下，其中一个政策可能会比另一个效果更好。但两种政策都存在副作用，因此必须将这些负面问题也纳入考量范围。比如，扩张性货币政策降低了利率，使得投资者将目光投向国外更有吸引力的投资上，这可能引发汇率的下降。再如，财政政策增加了需求，可能需要紧缩性货币政策加以配合，这或将导致汇率上升。

通常情况下，两种政策需要结合起来使用。例如，如果预算赤字太大，那么正确的做法可能是同时采取紧缩的财政政策和扩张性货币政策，通过后者来抵消前者对社会总需求的不利影响。

在一个理想的世界中，可以将协调两项政策的工作全权交由一位仁慈的政策制定者负责，或者可以由两位同样仁慈的政策制定者分别决定，一个负责财政政策，一个负责货币政策，相信他们会制定出最佳方案。

但在现实世界中，政策制定者并没有那么仁慈。政策制定者的执政时间和相应的掌权时间都是有限的，这往往导致他们在决策中倾向于考虑当前的利益，而不是未来的发展。例如，他们倾向于减少税收、维持巨额赤字，并不在意这样会导致未来债务增加、赋税反弹更高；或者通过货币扩张来为赤字融资，而不考虑随之产生的高通胀问题。

各国通常会通过宪法和法律来制约这种危险作为。虽然具体的处理方法各不相同，但现在许多国家通常采取这种形式：财政政策仍然由行政和立法部门负责，并在债务和赤字方面设置一定限制。目前，针对赤字和债务的"马斯特里赫特标准"便是一个极佳的限制，欧元区成员国都必须遵循这一标准。货币政策则交由独立的中央银行负责，并给予它使用一切可用工具来实现政府既定目标的自由。

为什么存在不对称性？这是因为财政政策覆盖了许多方面，远不止于赤字的规模。税收、转移支付或公共支出的变化都可能对分配产生巨大的影响，而这些问题都应该由民选官员通过讨论和表决来决定。另外，货币政策在分配中更多地呈现出中立性。利率变动是央行的传统手段，主要影响总体经济活动，并在很大程度上对所有人（无论贫富）都有益处。因此，有人认为，赋予央行独立性可以消除政治干预的风险，亦不会影响民主制度。

这是一种正确的处理方法吗？大体上是正确的，

但并非完全没有问题。历史经验已经充分表明，如果央行缺乏独立性，那么政治干预会给央行带来压力，导致高通胀甚至恶性通胀的出现。但"央行政策在分配中是中立的"这一观点并不完全正确。低利率政策会引发资产价格走高，这样的政策就对拥有高额财富的人群更有利。此外，央行使用的一些新工具显然具有分配效应。许多央行要求增加新房贷的首付，以限制房价上涨，而这会使首次购房者更难买得起自己的房子。对于此类决策，就不能仅考虑央行的独立性，正确的方法应该是由政府和央行共同承担责任。

回到最初的问题：如果央行保持独立性——无论是完全独立还是部分独立——会不会使财政和货币政策之间的协调更加困难了呢？我尚未发现强有力的论据支持这一说法。如果民主有效，即国家对财政部门设置了恰当的职能范围，或财政部门由于债务和赤字的限制而被迫处于恰当的职能范围，这时如果央行是独立且有能力的，那么我认为没有理由担心会出现不良的政治后果。如果民主失效，或对财政部门起不到约束作用，或是央行无能，那么我们就应该担心了。但问题的根源会远比以上任何事情都要糟糕。

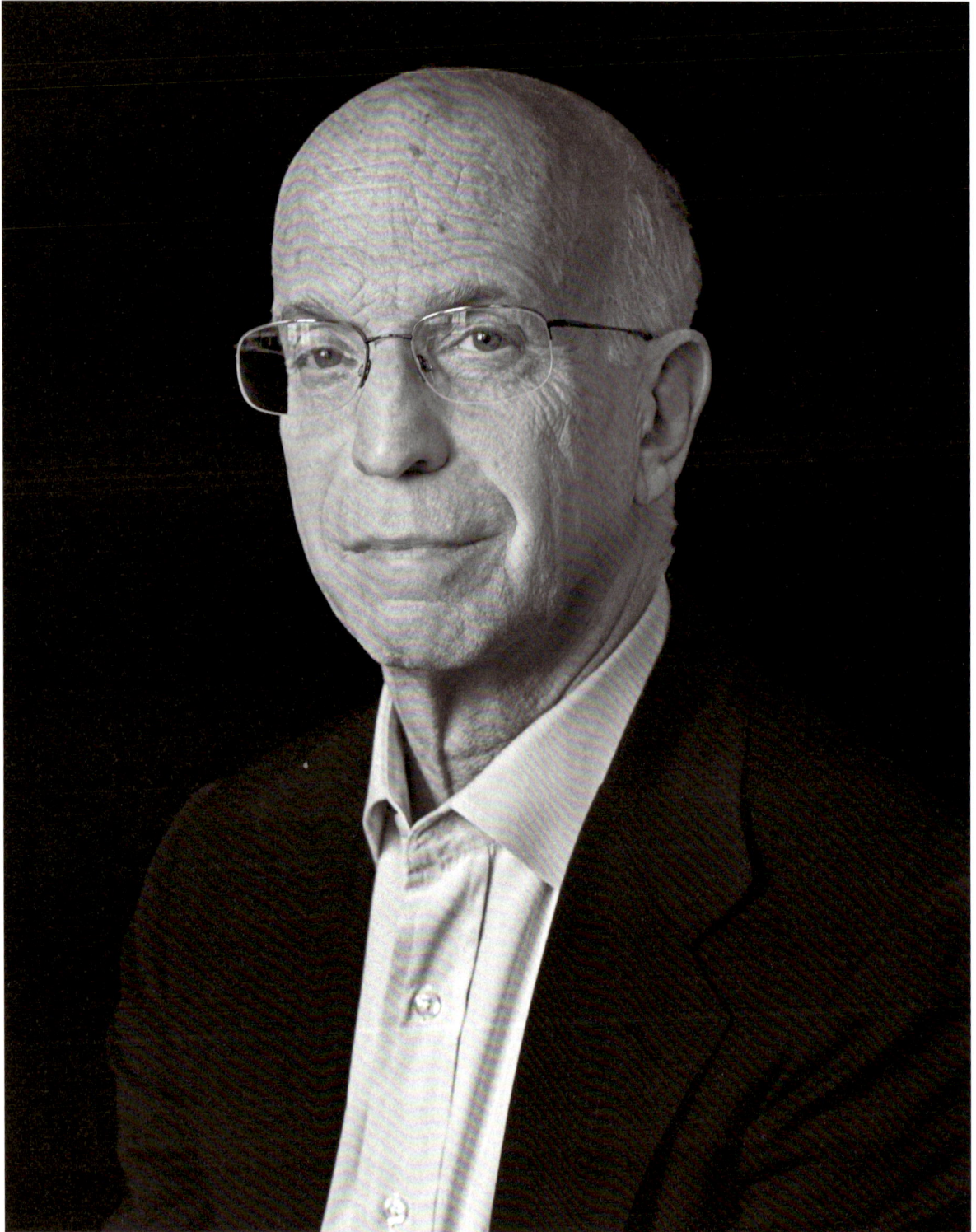

艾伦·布林德　Alan Blinder

在某种程度上，答案毫无疑问是肯定的。美国、英国和一些其他国家目前金融体系规模之庞大，已经很难讲它与经济体相比，哪个是"狗"，哪个是"尾巴"[1]。但我觉得现在大家拥有一个共识，即应该由实体经济"摇动"金融市场这个小尾巴，而不是反过来。金融体系应该以提高经济效率（如资本分配方面）为目标，而不是为金融从业者创造租金。很遗憾，目前的金融体系已经创造了大量经济租金[2]。

换句话说，我认为金融体系的大规模并非问题的本质。规模当然也是十分相关的因素，但真正的问题源于高杠杆率、体系设置过于复杂，以及监管松懈（监管经常存在漏洞，但并非一直如此）等。

即使是刚开始接触经济学的学生也应该知道，杠杆的好处在于它能够放大收益。但众所周知（却很容易被大家遗忘）的一点是，杠杆的危险之处在于，它也会放大损失。在金融环境下，资产价值的急剧下降可能会进一步产生不良影响，而在经济危机中尤甚。例如，A公司若因巨额损失而破产，便无法偿还B、C和D公司的债务；或者当对交易对手方经营不善的担忧导致信贷系统失灵时，损害的就不仅是金融行业内部的信贷资金流，还会影响非金融借款人的信贷资金流；再或者，这种担忧还可能导致银行或者非银行金融中介机构出现挤兑问题。2008年9月雷曼兄弟的案例无疑是一个十分典型的例子，但在历史上几乎所有的金融危机中，类似事件发生的规模都较小）。一个高杠杆的金融体系本身就存在系统固有风险，它带来的风险可能会威胁到整个宏观经济。

金融系统的复杂性则带来了其他的相关隐患。首先，极度复杂的系统使粗心的买家容易面临欺诈风险，以及我称之为"近乎欺诈"行为的风险。"近乎欺诈"是指不见光的或具有欺骗性的销售行为，但由于其不会超越法律的限制，因此不能被称为非法行为，仅为"近乎"欺诈。经济学家在2008年得到的教训是，这种肆无忌惮的行为可能会升级到损害宏观经济的程度。即使销售行为合理合法，但如果金融资产的买家不了解自己会面临的一系列风险，那么当出现问题，或者仅仅是有传言说会出现问题时，他们也很容易陷入恐慌。我最后想说的一点也许显而易见，但与效率问题直接相关：金融系统的复杂性阻碍了潜在买家货比三家、选择最佳交易的能力。金融危机前场外市场的衍生品交易就是一个突出的例子。

以上风险可以被降低，但永远不可能被消除。降低风险可以通过更好的管理——或者更准确地说，通过更好的监管——来实现。（"管理"指的是制定规则；"监管"则需监督银行，确保它们遵守规则，安全、稳健、诚信地运营。）杠杆和系统复杂性问题是始终

1　经济学中常把经济体比作"狗"，而把金融体系比作"狗的尾巴"，形象地描述了两者的关系。——译者注

2　经济学中的租金（rent）指应付或应得的收益超过原本应得的收益，经济租金更适合用来描述额外的、超出标准的、带有特殊情况（稀缺）的利润。——译者注

存在的，只是严重程度不定。形成彻底、警惕的监管制度可以使这些风险处于可控范围内。但是，如果监管者散漫懈怠，定时炸弹便会开始滴答作响。监管者懈怠的原因可能是经过连续几年的良好经济状况，陷入了自满；也可能是受到了政治头领的指示。在此必须指出，"人事就是政策"这句话也适用于此。治理金融业的法律法规或许较为完善了，但如果监管机构不执行这些法律法规，就不能有效打击有风险的、不诚实的行为，无法提供有效的保障。2008年至2009年的金融危机就是一个令人毛骨悚然的例子。

原则上，不论多么庞大的金融体系都可以被管理和监督，以确保它为社会带来净收益，而不是净成本。在实践中，如果一个金融体系与其基础经济规模相比过于庞大，则可能存在三方面问题：首先是过度杠杆化（从定义上讲，这意味着使用了大量债务工具），其次是诱导储户和借款人使用他们可能并不了解的"诱人的"金融创新工具，最后是宽松的监管制度。这就是金融体系中需要避免的"危险三角"。

戴维·卡德 David Card

劳动人口增多，就业竞争就会加剧，工资水平也会随之降低——这是一个显而易见的道理，也是托马斯·马尔萨斯"没有限制的人口增长会导致人类遭遇痛苦的灾难"这一论点背后的思想。但无论如何，大城市的平均工资水平总是比小城镇的要高。许多国家也试图通过新生儿家庭津贴和税收优惠等方式促进人口增长。19世纪的新古典主义经济学家曾一度"消解"马尔萨斯灾难：他们假设一个国家能够扩大资本存量（机械、建筑、基础设施等），那么工作岗位的数量增长就可以跟上人口扩张的步伐，而不会导致工人的平均工资降低。

尽管这一基本思想已成为被广泛接受的主流观点，但移民引起的人口流入的影响仍然存在争议。争论的焦点有两个：第一，投资过后需要等待多久，才能使工作岗位数量赶上人口数量的增长；第二，以美国的情况来看，移民主要集中于技能较低的群体，因此会对处于工作金字塔最底层的本土民众构成更大的竞争，而这会导致什么样的结果。最简单的检验方法是，选取几个移民数量和比例不同的城市，比较这些城市的平均工资水平；或者选取移民速度快慢不等的时期进行比较。通过这种比较可以发现一些最简单的事实证据——移民流入情况与本土低技能工人的平均工资之间并不存在实际联系。但是，这种事实证据的验证原理是有问题的。人们会本能地被吸引到机会更多的地方，所以移民的负面影响也许会被地方（国家）吸引或排斥移民、本地人的条件的潜在差异所掩盖。

有一种方法可以增强上述事实证据的说服力，那就是找到一个有大量移民流入的劳动力市场（前提是这里吸引劳动力流入的原因必须是市场之外的力量），然后观察移民前后的市场状况。1980年5月至9月，一列小型船队从马里埃尔港出发前往迈阿密，船队共计搭载约12.5万名古巴人。随后，大约有一半的古巴人留在了迈阿密，这也导致了迈阿密的劳动适龄人口大幅增加，其中以技能较低的工人居多。但令人惊讶的是，这些移民的流入似乎没有影响迈阿密本地工人的利益。对比迈阿密和其他同等城市的工资水平和失业率来看，没有任何迹象表明古巴工人的到来使得技能较低的本地工人遭受损失。后来对其他类似事件的研究也显示了与马里埃尔港事件一样的结果，这其中就包括了对20世纪90年代初苏联犹太人大规模移民到以色列的事件研究。所有实例均表明，现代劳动力市场可以适应移民的流入，而移民对本地工人造成的负面影响其实很小。

另一种研究方法与上面的方法密切相关，也与市场以外的因素有关。这种方法建立在一个事实的基础上，即移民往往会追随早期移民的家庭成员和朋友的脚步，去往同一个地方。例如，20世纪90年代，许多来自菲律宾的新移民纷纷涌入一些曾作为海军基地的城市（如夏威夷州的火奴鲁鲁和弗吉尼亚州的诺福克），因为前几代在美国海军服役的菲律宾人都居住在那些地方。这种独特的流动模式意味着，当某个国家面临经济或政治困境时，美国的一些特定城市可能会出现移民潮，而其他城市则基本不会受到影响。在20世纪90年代墨西哥的10年经济缓慢增长时期内，

这一模式就显现了出来：墨西哥新移民纷纷流入一些与墨西哥在历史上有着密切联系的美国城市，比如加利福尼亚州和得克萨斯州的一些地方。依据这个模式，许多研究有效地筛选掉了"以供给为驱动"的劳动力流入实例，对余下的移民流动类型继续研究。结果再次表明，新移民工人对本地工人的影响非常小，甚至可以忽略不计。其实，许多本地工人的工作层次不降反升，获得了一些新移民无法胜任的较高层次工作机会，比如许多需要语言技能的职位。

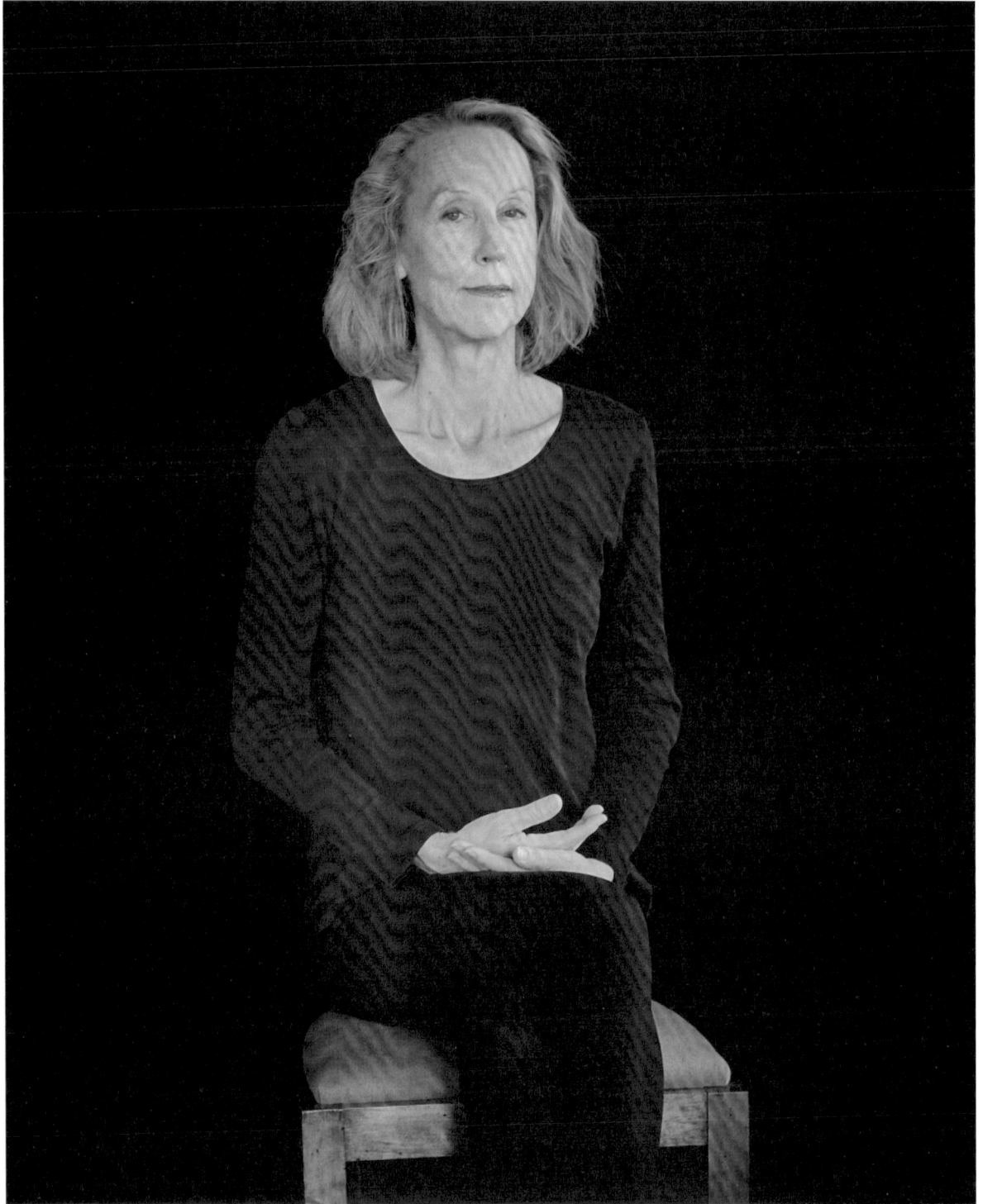

安妮·凯斯　Anne Case

至少自20世纪90年代初以来，在教育程度低于拥有四年大学学历的美国白人中，"绝望之死"（死于自杀、吸毒过量和酒精性肝病）的人数缓慢但稳定地逐年增长。但在20世纪90年代之前，并非所有州都会在死亡证明上记录教育程度，因此我们无法确定这一状况（主要集中在工人阶级）的确切开始日期。但通过追溯到1990年，我们可以得知很多信息。在美国食品药品监督管理局（FDA）批准销售新型高成瘾性处方止痛药之前，"绝望之死"的人数曾持续上升。20世纪90年代末以前，强阿片类药物的合法化更使这一状况雪上加霜。酒精中毒和自杀这两种死亡方式以前所未有的速度悄然夺去很多中年白人的生命。还有证据证明，2007年的金融危机以及2008年和2009年席卷美国的经济大衰退，对"绝望之死"人数的增幅没有明显影响。

我不是要否定说经济状况是"绝望之死"的重要推力，在此只是想表明，同一时期的经济局势似乎并不是引发这类死亡的动因。为了理解问题的根源，我认为需要将目光投向美国劳动力市场，观察其在20世纪70年代初以后的变化。我们可以发现，自1972年以来，男性劳动力的实际工资中位数没有上升。"普通"美国工人（从事生产活动而非管理工作的工人）的工资和福利，不仅没有与当时的生产力同步增长，甚至在原地踏步。因此，对于1972年以后进入劳动力市场的男女工人来说，他们从小就期望高中学历和强烈的职业道德能为自己带来舒适的中产阶级生活，但后来才痛苦地发现自己大错特错了。

这对美国社会产生了深远的影响。没有大学学历的白人群体结婚率开始下降——女性并不愿意嫁给经济前景堪忧的男性。在白人工人阶级中，男女同居的人数越来越多，而且非婚生子的情况也呈现增长趋势。在欧洲，同居现象相当普遍，且相对稳定；而在美国，同居这一关系模式却十分脆弱。人们同居是为了给自己留下选择的余地，便于在遇到经济前景更光明的潜在伴侣时快速脱身。

我们目前的假设是，在以上多重巨变的共同影响下，许多人的生活失控了。工作、家庭生活和更传统的社区不能再给予他们曾经的支持。由于缺乏有保障的工作、安定的婚姻和稳定的社会关系，工薪阶层更加容易焦虑和抑郁，进而导致他们通过毒品和酒精进行自我疗伤，甚至走上自杀的绝路。

我在研究过程中，从杂草般纷繁的信息中整理数据和原因，试图梳理出经济力量所起的作用。直到今天，我们一直把教育作为一个标签，这个标签甚至出现在人的死亡证明上（而收入和职业都不作记录）。它似乎把白人分为两类：一类是有学士学位的人，他们能够继续享受较好的经济条件，预期会比父辈更健康长寿；另一类则是没有学士学位的人，他们面对着一个并不友好的劳动力市场，也缺乏足够的支持。尽管如此，我并不认为解决这一问题的合理政策是把所有人送去大学攻读学士学位——如果我们发现问题的根源在于劳动力市场，那么对应的治疗方法也很可能存在于劳动力市场之中。

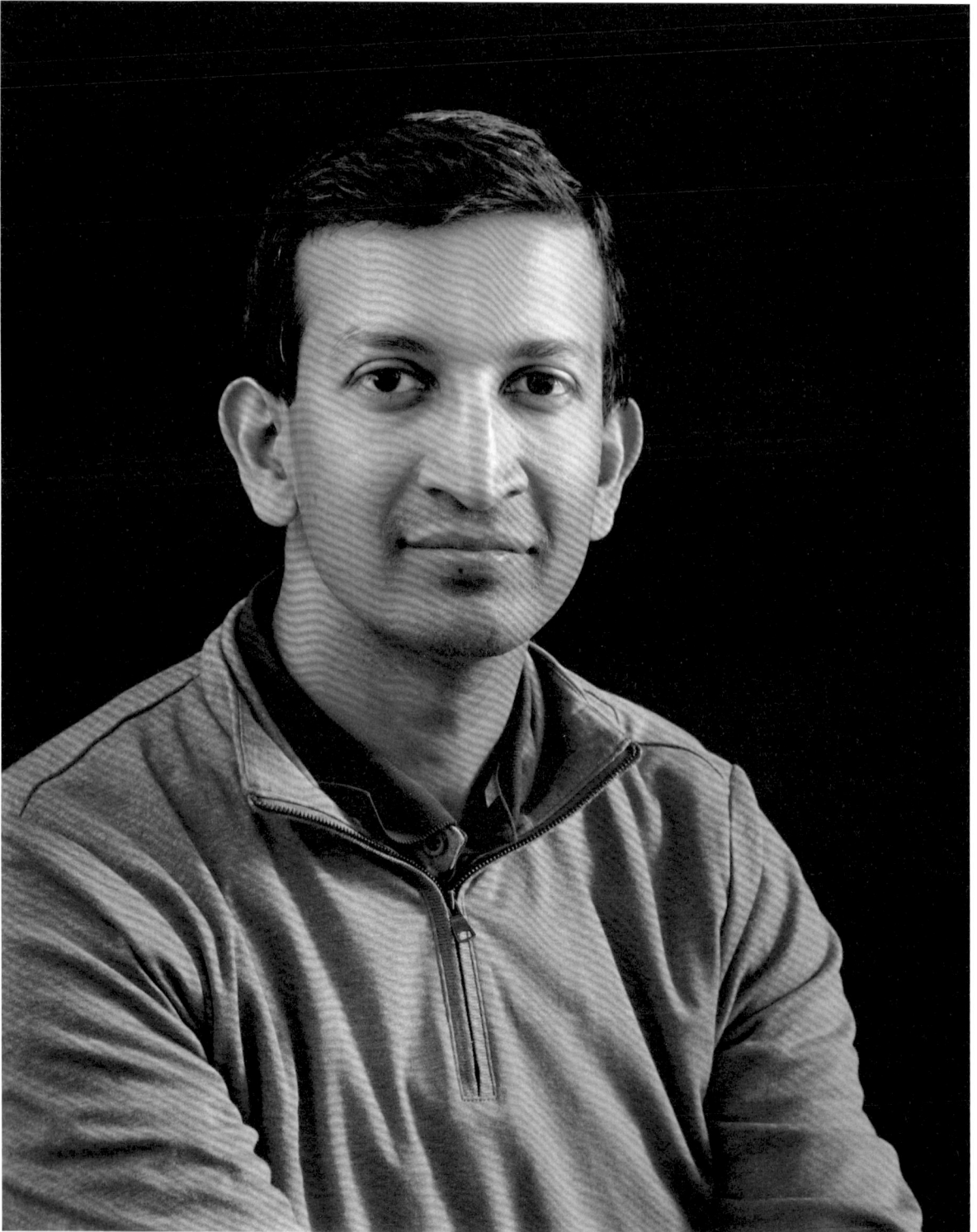

哈吉·柴提　Raj Chetty

　　我想研究一些对大众来说很关键的问题，比如"我们怎样才能为孩子创造一个更好的未来"。过去多年来，社会科学家已经对许多这类问题进行了研究，因此我可以站在巨人的肩膀上找到能够切入的角度。通过加入新的想法和进行数据分析，我和我的合作研究团队努力为探究这些问题作出独创性的贡献。这种选题模式通常需要审慎对比两方面内容的差别所在：一是人们在"现实世界"中讨论的内容，二是现有经济学或社会学理论预测或假设的内容。

　　我们希望通过简单地阐明一种新的趋势或经验规律，对社会产生积极影响，比如提出"儿童未来实现美国梦的机会急剧下降"这一趋势，或展示"全国各地儿童未来成功机会的变化状况"，等等。我们还希望通过让人们了解政策辩论来为社会作出贡献。例如，我们最近的一些研究工作表明，可将学生的考试分数作为教学工作"增加价值"的衡量标准，对教师素质进行预测。这一研究结果已经影响了全国的法律和政策辩论。

　　无论研究什么课题，我们在所有的研究工作中都致力于保持最高标准的科学完整性和准确性。我们的研究经常会利用大数据做分析（数据通常来自政府机构），这种分析使得我们即便面对复杂问题，也能获得十分精确的答案。我们撰写的所有研究报告都是在确认取得明显进展以后发布的。由于我们致力解决的问题与许多人的生活息息相关，因此我们希望民众对研究报告中的分析和数据抱有信心，并相信这些研究能为政府制定改善民生的政策决定提供坚实的科学基础。

帕萨·达斯古普塔 Partha Dasgupta

孩子是我们的无价之宝，但是，当一对夫妇考虑是否要生育孩子时，不仅要了解自己的愿望和需要、两人面临的经济限制、增加一个孩子对其他所有家庭成员的影响，还需要设想自己能给这个孩子提供的生活水平。上述考量都是准备为人父母的夫妇的私人问题。事实上，生育是我能想到的最具私人性的人类活动。

此外，思考周全的夫妇还需要考虑另一类因素，那就是自己的孩子对家庭以外的其他人可能产生的影响，其他人中也包括这个孩子的后代。比如，（大量）新生儿对本地环境造成的影响（如栖息地破坏），以及很容易忽视的对全球环境造成的后果（如生物灭绝）。这些环境后果既不由价格体系，通常也不受社会行为准则拘束。这就意味着，考虑生育的夫妇与其他人（包括未来的人）之间存在权利冲突。这些告诉我们一个道理：不应该把生育完全看作私人的事情。生育与否的确不只关乎夫妻二人，因为生育的动机是由社会环境决定的。当我们作抉择的时候，往往会观察社会上其他人的行为；同样的，我们知道别人作决定时也会观察我们的做法。毫无疑问，每个人在社会舞台上似乎都小到无足轻重，但我们每个人对他人施加影响的总和一定是不容忽视的。

在这里，我谈论的是"外部性"问题，即我们的行为对其他人（包括未来的人）所造成的无法预料的后果。外部性的存在解释了为什么人们会选择一种他们都希望改变、但又不能改变的生育行为模式。这是因为，没有一对夫妇有必要的动机单方面改变自己的行为。

近年来，人们对生育活动的另一个特点关注颇多。人口统计学家指出，不同性别之间存在权力不平等，这种状况在贫穷国家尤为突出。因此，在人口与发展的研究中，学者对贫穷国家家庭的内部运转进行了严格认真的调查。1994年，联合国提出了"女性生育权至高无上"的宣言，这一宣言在某种程度上正是建立在国际社会对男女权力不对等的共识之上，然而，女性的生育权、对拥有孩子的渴望，以及对计划生育援助的需求这三方面的问题，很难用一项政策全部解决。

因此，当谈论人口政策时，仿佛某处总有警钟隐隐作响，提醒人们注意政策对个人的"胁迫"。但通过60多年来对外部性的研究，学者发现了一系列既能解决上述问题，又能避免过度指导乃至控制民众的政策。据联合国人口司估计，发展中国家中有超过1.3亿已婚妇女的家庭生育计划没有实现。然而，在国家政府和国际援助机构中，与生育计划有关的组织所获得的资金额度和声望大多处于最底层。正视环境外部性问题，间接作用于贫穷国家制定人口政策，以及富裕国家制定消费政策。撒哈拉以南非洲地区普遍存在高生育率问题（每个女性平均生育5个孩子），解决这一问题的直接方法是加强对生育计划方案的财政支持，并将社会各阶层纳入方案的设计和实施中。

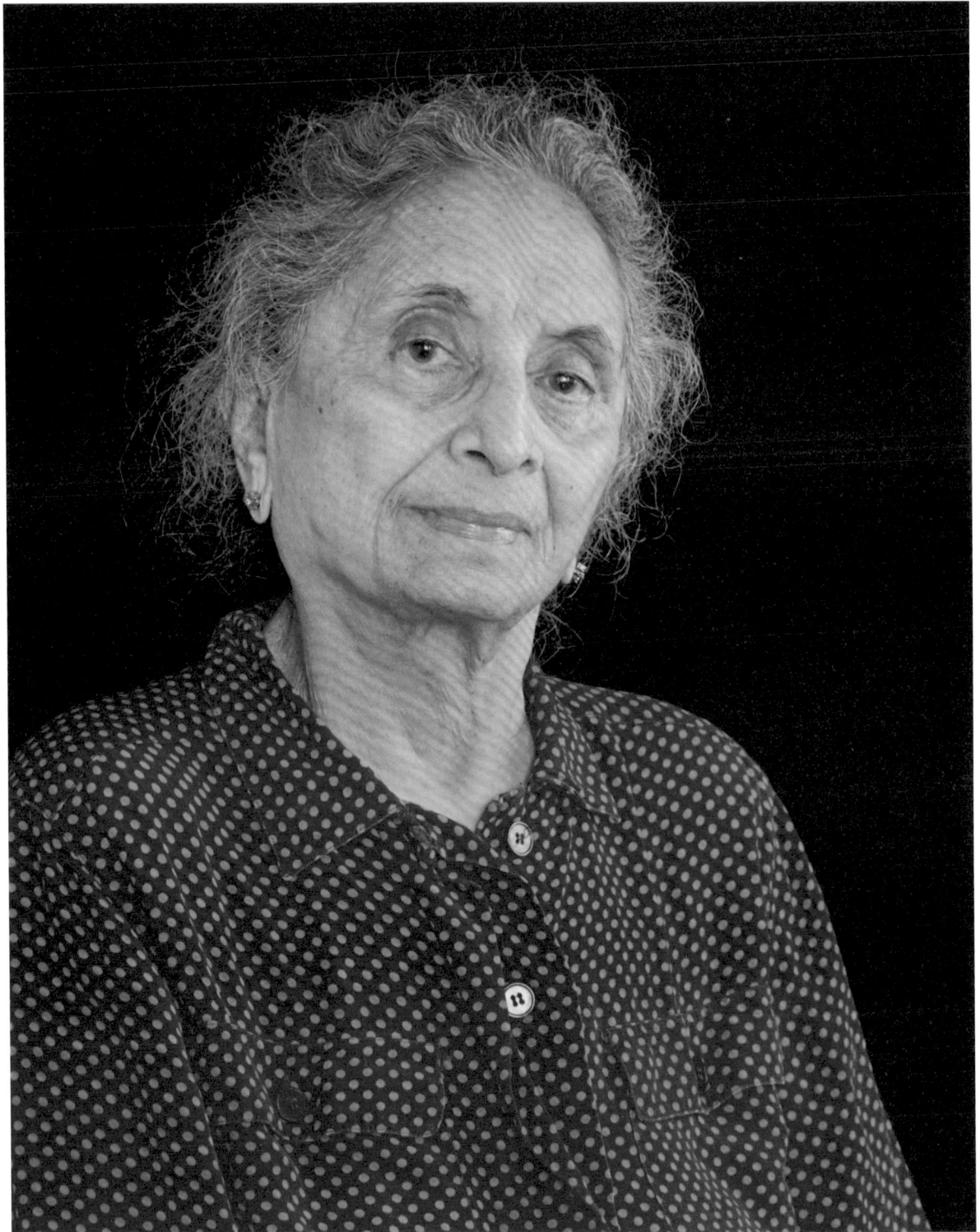

帕德玛·德赛 Padma Desai

在经济方面，俄罗斯的外汇收入主要由能源部门贡献，特别是天然气垄断企业。而这方面外汇储备的不断积累，恰好缓和了2008年全球金融危机对俄罗斯的影响。

在政治方面，普京在上任初期废除了由公众选举州长的制度，修改了议会选举规则，并减少了外国非政府组织的活动。2018年，普京在总统选举中稳稳连任。

如果当年采取了不同的方式，会不会对俄罗斯的现状更有利呢？这很难说。

也许有人会说，西方强国在面对俄罗斯问题时，本可以在几个方面促成稳定，却对其发起了挑战。许多杰出的外交官和俄罗斯问题专家认为，北约在俄罗斯边境附近的扩张是一种挑衅。这样的挑衅真的有必要吗？

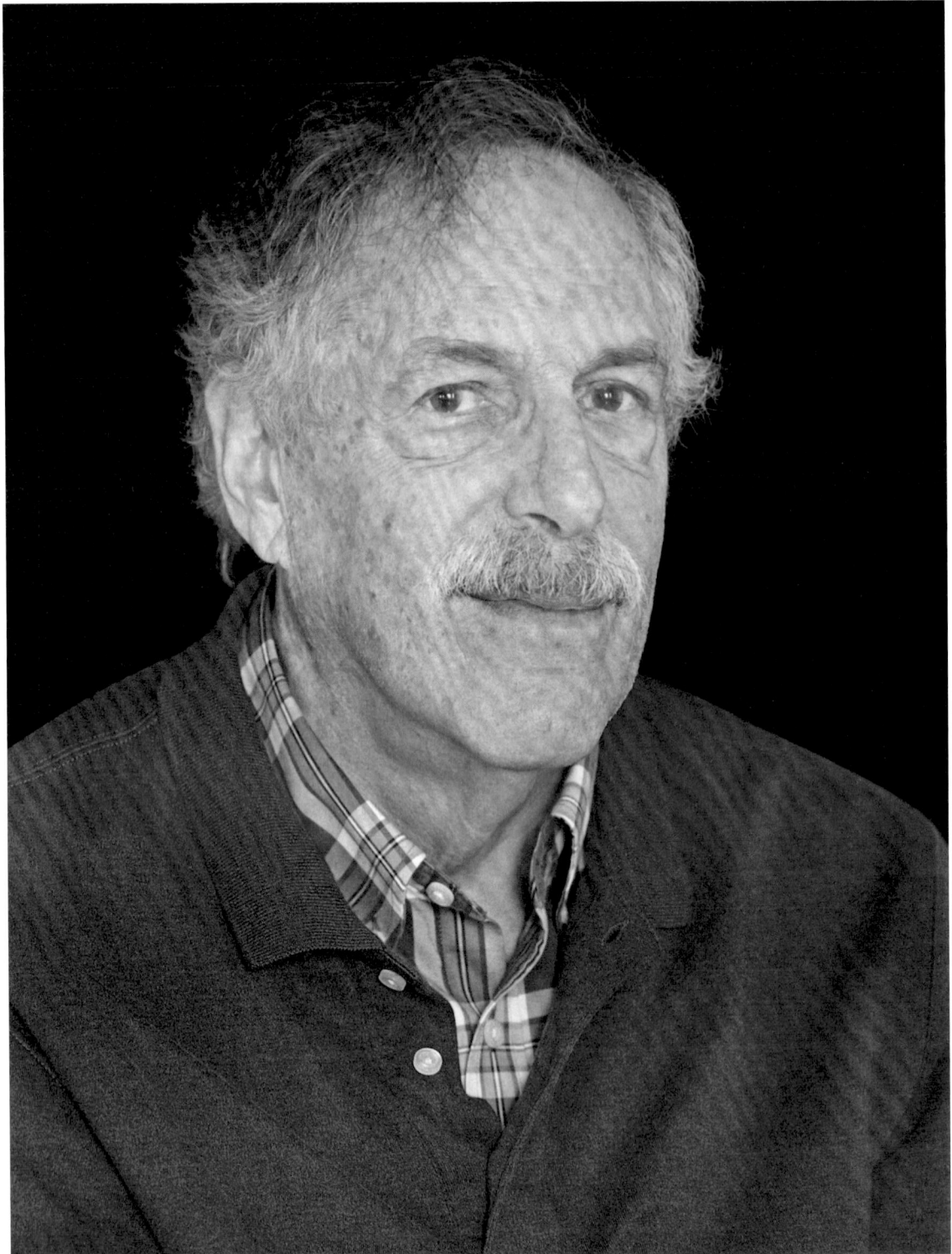

彼得·戴蒙德　Peter Diamond

根据2017年社会保障财政中央预期报告显示，如果不出台新的立法，那么社会保障信托基金将在2034年耗尽，这将直接导致每个受益人的福利削减23%，而未来的福利削减程度将更为严峻。我们相信国会会采取一些行动来避免出现这一情况，但其具体操作是很难预测的。当前，我们的处境并不乐观，除了等待不可预测的新立法，别无选择，而最终出台的法案亦有可能导向一个不健全的社会保障体系。

预测国会可能会采取的行动之前，我们可以首先参考众议院社会保障小组委员会的两位高级成员提出的改革计划。共和党成员的计划中没有提及财政收入的增加，这意味着政府需要继续削减福利，以解决目前预期的资金缺口，以及因持续的老龄化问题而引发的其他影响。民主党成员的计划则主张提高税收，使其足以弥补目前预计的赤字，同时增加福利。

由于劳动力群体中存在大量退休和申请伤残保险等高度依赖社保体系的需求，因此健全的社保体系必须规模足够庞大。这种对社保体系的依赖现象，实际反映了国民储蓄率低和个人退休储蓄成本高的本质。

而且，随着收入机会的变化以及人口老龄化问题的持续，社会必然会出现一系列变化，一个健全的社保体系应该能够适应以上变化并及时调整。技术变革和国际交流增加会进一步加深人们对退休问题的担忧。好的社保体系应具有比现在更强大的自适应力，其他

发达国家已经通过越来越多的立法来改善这一问题。社保体系如需获得良好的适应力，需要不同党派加强政治合作，共同设计自动调整方案，并解决自动调整方案无法充分解决的问题。同样的，其他国家也有不同党派长期合作，共同确定国家养老金方案的实例。

我们需要摆脱这种只在万不得已时才调整社保体系的模式。此外，不同党派间在社会保障问题上存在大量分歧，而国会由于其对社保体系的态度受到广大公众的严格监督，因此会避免对二者的分歧表态，使问题持续存在——我们也应解决这些分歧。事实上，上述两种计划[1]的新闻稿中充斥着委婉的政治辞令。共和党在描述"福利削减"时，使用了"适应现代化""更新""跟上变化"和"目标福利"等委婉说法；民主党则用"确保社会保障依然强劲"这一话术包装增税举措。

为了推动政治合作，政治选举的核心问题应放在如何解决社保体系目前的不平衡问题和长期需要方面，至少在健全的制度成功建立之前应该如此。可以理解，削减福利和增加税收一定是"不受欢迎的"政治议题，而对于"受欢迎的"社保体系来说，有必要在一定程度上结合这两种议题来保护这一体系的健全性。当党派间的合作关系到选举和连任问题时，社会保障的普及程度将对政治合作产生更强烈的影响。未来，美国可能会成立专门委员会来设计社保方案，并

1　指共和党与民主党对待社保体系的不同计划。——译者注

交由国会审议。委员会需要在总体福利削减和总体税收增加之间寻找平衡，并对国会议员候选人和白宫施压，迫使其明确选择立场。选民则需要以投票的方式对候选人的立场（或缺乏立场）作出自己的回应。也许到那时，我们就能建立一个健全的社保体系，走向一个健康的未来。

安格斯·迪顿 Angus Deaton

半个世纪以来，美国工人实际工资中位数陷于停滞，这不但对美国构成了经济威胁，还带来了一些政治风险。大部分民众对当代美国资本主义的现状十分不满，其中，没有受过大学教育的群体的不满情绪尤为高昂。这一状况若持续下去必然会给美国社会带来挑战，而其中一些挑战（如右翼民粹主义）只会使经济状况雪上加霜。与此同时，许多人正生活在痛苦之中。对于那些没有受过高等教育的人来说，长久以来实际工资的下降，破坏了工人阶级曾经欣欣向荣的生活场景。随之而来的问题还包括结婚率下降、劳动参与率下降、非婚生育率上升、社会隔离加剧以及民众的痛苦程度增加，等等。最糟糕的是，吸毒过量、自杀和酗酒导致的死亡率也在不断上升。

如果我们不能为美国的工人阶级和中产阶级重新构建劳动力市场，恢复劳动力市场的健康，那么我们未来面临的问题就不仅限于经济增速放缓了，或许还有更糟糕的危机潜伏其中。

我开始意识到，在这个问题上，采用明确的再分配政策，虽然从政治角度来看更为可取，但并不是解决当前社会问题的最佳方式。民众普遍不支持再分配政策：富人不乐见是因为不想将自己的收入拿出一部分再分配；许多工人则更希望得到好的工作，而不是单纯收入上的支持。众多富人出于狭隘自私的理由反对再分配，然而，反对的声音更多是来自人们对高税收影响激励机制（特别是创新方面）的担忧。利用财政体制进行再分配，不应成为我们解决工资停滞问题的首选方案。

或许还有一种更有效的方案，这种方案甚至有可能在政治上获得广泛的支持。我们首先要明白，虽然工资停滞是受到了不可阻挡的全球化和技术变革的影响，但在很大程度上也被政策左右。我们能掌控的那一部分正是政策。但说起来，我们好像是搬起石头砸自己的脚了。

我想到了几条政策。其中一条是针对我们昂贵而低效的医疗体系的。现在的美国医疗体系中存在滥开成瘾性止痛药的问题，致使病人陷入药物依赖的痛苦，甚至死亡。此外，医疗体系的成本不断攀升，而大部分成本都以低工资的方式转嫁到了医护人员的身上。每年，美国的医疗保健开支都超出预算一万亿美元。公共选择、全民医保、单一付款人医保体系，或者参考其他发达国家实行的制度，都能在一定程度上解决成本问题，从而避免削减医护人员工资的情况。如今，我们的医疗体系几乎没有成本控制，使得医生、医院、设备制造商和制药公司可以通过压榨工人阶级来积累自己的财富。

劳动力收入在国民总收入中所占的比重持续下降，部分原因是越来越多的雇主利用买家垄断或卖家垄断地位来压榨劳动者。工人被迫签署竞业禁止条款，即使是在快餐店工作也不例外。工人和消费者被迫通过仲裁来解决与公司的纠纷，可惜这类裁决的结果很大一部分都是有利于公司的。一些经济学家认为垄断与投资和创新发展缓慢存在联系。如果是这样，那么解决这一问题不仅有利于提高工人的实际工资，还会有助于经济增长率的上升。

我们现有的福利制度经常把工作要求纳入其中，比如所得税抵免制度。社会上也经常出现要求完善医疗补助体系的呼吁。这些做法的初心是好的，但会导致工资下降的风险。

自2009年以来，联邦最低工资标准一直没有提高。

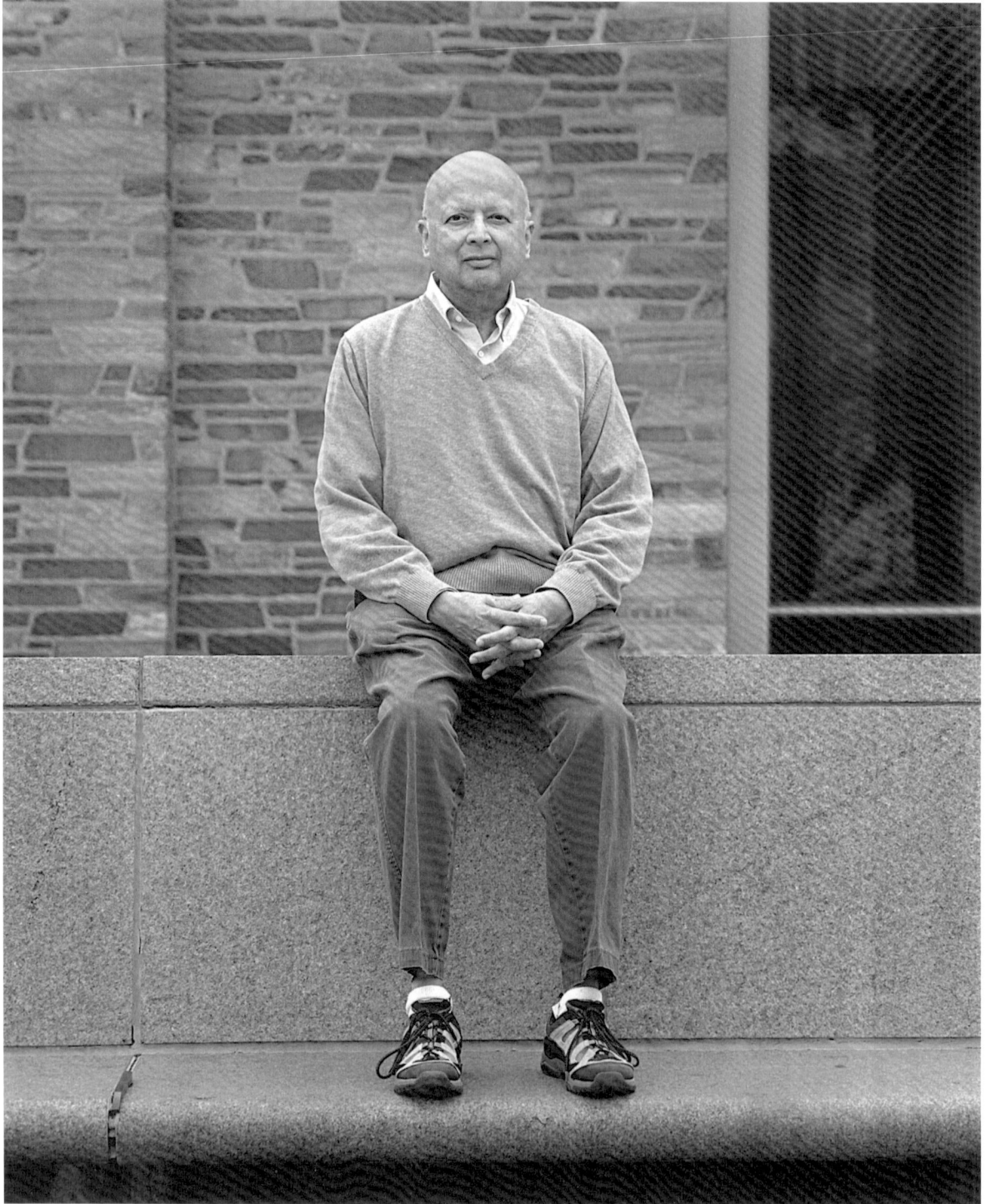

阿维纳什·迪克西特 Avinash Dixit

在某些社会里，腐败是一种生活方式。如果社会上的每个人都参与受贿、行贿，或利用官职攫取私人利益，那么就不会有人为此感到内疚或羞愧。虽然法律明令禁止腐败问题，但不会有人向执法机构举报；即使有人举报，涉案者也可以通过向机构行贿来免除罪责。而在其他社会中，民众普遍认为腐败是罪恶的行为。腐败行为一旦出现，就会迅速被人举报或被相关机构监察发现，涉案者不但会受到制裁，也会感到内疚和羞耻——后者往往比正式制裁更有威慑力。因此，社会的整体风气可分为"腐败"和"廉洁"两种性质。用术语来说，社会中存在"腐败"和"廉洁"两种力量互相攻城略地的"博弈"。要消除腐败，就必须改革社会风气，打破原有的均衡。

如果社会均衡开始向腐败的方向倾斜，每个社会成员都会面临强烈的腐败化诱惑，那么就必须通过改革遏制这种势头。只要成功劝说足够多的人保持廉洁，余下的人就会发现廉洁也符合他们自身的利益，便会自发地形成一种良性循环。因此，改革中最困难的部分就是初始阶段，改革者必须动员和维系多方努力，既要争取上层的支持，也需建立底层联盟。他们必须开展教育和宣传活动，利用传统媒体、社交媒体以及民间社会团体，促进良好的行为规范，并实施有选择性的制裁措施。最重要的是，腐败体系的既得利益者一定会利用手中的一切权力和手段，试图破坏改革进程，并打击改革者，改革者必须对此有所预期并进行反击。

同样，由于政客和官僚是腐败活动的主要既得利益者，因此我们不能让政府参与反腐败立法和执法。纯粹自上而下的解决方案很少奏效，李光耀领导下的新加坡社会改革可能只是一个罕见的成功先例。获得有权势的高层人士或团体的支持固然重要，但在大多数情况下，自下而上的社会运动的作用至少同样重要。中国香港地区前总督麦理浩授命成立独立的廉政公署，开启了香港地区的反腐败改革，其更重要的后续举措是建立了广大的社会联盟进行公共宣传，并向小学生传授道德观和价值观，实现了从下至上的改革。新加坡和中国香港地区的成功都得益于其基本自由和开放的经济体系——政客和官僚们可以支配的租金减少了，寻租腐败的空间也就变得极其有限。

在中世纪的意大利城邦，活跃在公民事务中的精英们发展了一套复杂的制度。他们雇用一名外来人士担任城市管理者（*podestà*），并在与其签署的合同中规定了复杂的奖励和惩罚办法。这是一种自上而下的强制措施。而在现代意大利，一场由年轻人领导的运动极大地减少了西西里黑手党勒索保护费（当地称为"皮佐"[1]）的现象，而这场运动几乎没有利用任何高层的支持。

19世纪中叶的美国社会曾经充斥着腐败问题。经过数十年的时间，腐败现象缓慢消减，主要是受益于各种因素的综合作用，比如，进步运动的开展，两个

1　原文为pizzo，意大利语中意为鸟的嘴，俚语也意指保护费。——译者注

罗斯福等政治企业家的出现，管制的放松降低了寻租空间，调查性新闻报道的影响，人口受教育程度提高，支付联邦福利金时依照客观标准而不被地方庇护主义左右，等等。

一些欧洲国家则会在战争或其他危机摧毁原有的腐败权力结构后，启动改革的进程。当然，不会有人故意制造危机来进行反腐败改革，但如果真有危机发生，就应该抓住时机推动变革。

私营公司也面临着挪用公款、采购经理收取回扣等腐败问题。最高管理者可以出于公司的利益考量，权衡成本和收益，对这些问题进行最优程度的控制。用技术行话来说的话，这只是公司内部的"委托代理问题"。

那么，应该怎么做呢？解决方案应该是自上而下的，还是自下而上的？以正式立法还是社会规范的形式推进？进行事前威慑还是事后惩罚？对于以上问题，我的答案是：随意选择，全部都做。去尝试吧，看看你所在的环境中什么方案最能奏效，并在此基础上拓展。要保持耐心，不要期望一蹴而就。最重要的是，不要等待"最佳"解决方案自己出现。一直等待完美的方案而不真正着手去做，只会一事无成。

戴夫·唐纳森　Dave Donaldson

自由贸易这一概念有着天然的吸引力。当两个成年人一致同意进行互惠互利的交易时，我们倾向于认为，最好的政策就是让政策制定者置身事外，任由双方决定交易方法。但当讨论两组成人群体或者两个国家时，为什么会有所不同呢？如果一个国家不想与另一个国家进行贸易，就不会存在贸易活动；如果他们愿意，就会进行贸易，而我们应该留给他们贸易的自由。

然而，当出现三个国家的时候，事情就会变得更复杂。可惜我们不能脱离三边贸易的现实而对区域贸易协定大谈特谈，因为区域贸易协定是世界上一部分国家之间签署的部分或特惠贸易协定。《北美自由贸易协定》以及未来可能取而代之的《美墨加三国协议》就是两个很好的例子：对于大多数产品，美国对来自北美自由贸易协定成员国（加拿大和墨西哥）的商品征收的关税低于非成员国（如中国）。

特惠自由贸易与真正的多边自由贸易有何不同？差别在于两个与之相关的效应。首先是旁观者效应。一般很容易想到的是，当两个国家降低贸易壁垒时（正如美国和墨西哥在《北美自由贸易协定》下的做法），身为旁观者被排除在外的国家（如中国）的利益将受到损害。这背后的经济学原理与我小时候在游乐场玩耍的体验并无太大区别：当游乐场出现一个新来的小孩保罗时，波特选择把有限的玩耍时间分一部分给保罗而不是我，那就不能怪我选择拿着球回家了。这种效应在市场经济中似乎很重要，但从根本上来说也是不可避免的。过去，视频节目的出现使广播明星纷纷过气，我们却对此津津乐道，称消费者可以从更好的娱乐节目供应商那里获得更大增益，完全没有考虑这会导致广播明星这一"旁观者"退出市场。三人交易模式总会使其中的旁观者一方利益受损，这就是生活，童年如此，成年亦如此。

第二个效应就十分微妙了，但还好它在现实世界的贸易活动中似乎不是特别相关。一个普遍的观点是，贸易协定会改变与贸易税（进口关税）有关的规定，因此也会影响这类税的总税收。当某国向A国（如墨西哥）收取的关税低于向B国（如中国）收取的关税，可能导致的结果是，为了引导本国的消费者从价格更高的A国供应商那里购买商品，某国不得不最终放弃这些商品的税收。从理论上讲，这一效应对于加入区域贸易协定的国家来说并不是好事。但在实际的现代贸易环境中，其实很少出现这种反常的状况，某种程度上是由于现代贸易协定更多地通过减少行政和监管障碍来促进贸易，而不是通过降低关税这种方式——减少程序障碍的操作本身已经非常有效了。〔借用英国经济学家琼·罗宾逊（Joan Robinson）的话说就是，我们总不能因为其他国家的海岸线可能布满岩石，就把石块也倒入自己国家的海港。〕此外，现代贸易模式的一个不可否认的特点是近邻的重要性。在其他条件相同的情况下，两国之间的距离每增加一倍，贸易额就会减少一半。在这样的世界里，一个国家的邻国既包括应该与本国进行贸易的国家，也包括通常会与本国签署优惠区域贸易协定的国家。因此，实际上很少发生国家

用税收来补贴消费者的情况。

　　总之，我对区域贸易协定在推动全球自由贸易中发挥的作用持乐观态度。贾格迪什·巴格沃蒂将这类复杂的双边关系形象地比喻为"意大利面碗"[1]，如果没有像意大利面一样盘根错节的双边贸易关系，我们的生活会更简单。但就像孩子们在游乐场中的选择一样，达成一致同意的成年人也很有可能有能力处理好这种复杂的关系。

1　"意大利面碗"现象是指当一个地区存在大量双边自由贸易协定和区域贸易协定时，便会形成盘根错节的贸易协定网络，各个协定的不同的优惠待遇和规则就像碗里的意大利面条，一根根地绞在一起，剪不断，理还乱。——译者注

马里奥·德拉吉　Mario Draghi

欧元区是指决定共同使用单一货币的一些国家，这些国家不再拥有独立的汇率水平或货币政策。从这个意义上来说，成为欧元区成员国，就相当于成为一个大国的一部分。对于所有此类货币联盟而言，宏观经济的稳定性取决于两个因素。

首先是结构性政策：金融部门的效率和一体化，以及产品和劳动力市场的灵活度。这类政策决定了汇率水平和货币政策的变化对欧盟不同地区的影响程度，还有助于各国更好地应对冲击，并通过市场机制分担风险。

因此，为实现货币联盟的良好运行，第一步便要在金融部门和实体经济中推行结构性改革。过去，欧元区一直缺乏这类改革，因此我们有理由持续推动欧元区内更多的融合，特别是可以通过建立银行业联盟的方式。

即便如此，仅依靠结构性政策改革显然是不够的。对于任何一个货币联盟来说，由于（联盟内的）所有地区都处于各自经济周期中的不同时期，因此统一的汇率水平和货币政策不可能对于所有地区而言都是最优方案。而以市场为基础的调整速度相对缓慢，无法应对大的冲击。这意味着我们在应对地区经济衰退时需使用其他政策工具，其中最重要的便是财政政策。

因此，决定宏观经济稳定与否的第二个因素就是地方和中央财政政策之间的关系。总的来看，目前有两种财政责任分配模式是行之有效的。

第一种模式是充足的联邦预算模式。联邦预算能够对地方财政的自动稳定工具起到补充作用，并在困难时期酌情提供财政刺激。这就是美国目前的做法。然而，美国预算充足是由于国内存在雄心勃勃的政治联盟，这样的联盟能在民主社会中实现财政转移的合法化，而欧元区的情况并不相同。

第二种模式则是通过充足的地区预算来调节分散化的财政政策，这正是欧洲目前的模式。只要保持财政政策的可持续性，这一模式就可以实现强大的自动稳定功能，但需要依附可靠的财政规则才能实现。

理想情况下，这类财政规则应该适用于紧缩或扩张两类财政政策，也应该能起到促进各国协调合作的作用，敦促整个欧盟区各国在整体上确定一个恰当的财政立场。然而，截至目前，欧元区的财政规则还未达到这一理想状态。某种程度上，问题存在于执行层面：在各国的实际操作中，财政规则往往没有达到一致或透明的程度，而且经常出现打破规则的行为。当然，规则的设计也存在一定问题。

目前，欧盟财政规则只在控制赤字和债务水平方面起到了积极作用，但暂未通过民主程序使各国就整体机制达成一致，因此也无法强迫成员国根据整个欧元区的需要来调整本国的政策。这样带来的结果就是各国在处理预算时一再出现顺周期性问题，而对欧元区的总体财政状况考虑不足。

上述问题产生的代价是：危机期间，财政政策的实施严重受限，因此稳定经济形式的责任几乎完全落在了货币政策上。这使得经济衰退的时间更长，痛苦程度也更深。在我看来，这就解释了为什么解决财政政策的制定问题是欧元区当前宏观经济政策的首要任务。

我们需要形成一种协调机制——它既能肩负起政治责任，也能被不同的民主国家所接受；既适用于个别国家，也适用于整个欧盟；此外，还能依据经济的繁荣或萧条情况制定适合本国的财政政策，其不足之处可以通过欧元区整体的财政预算和政策设计来进行补充。

为了设计这一机制，可以设立一个独立的财政政策机构，并邀请所有欧元区成员国参与决策，从全局的角度出发构建整体立场。独立财政机构的领袖应该真正具有欧元区整体视野，并有权实施该机制。

埃马纽埃尔·法希　Emmanuel Farhi

经济行为主体都有价值存储的需求。家庭储蓄的目的是以备不时之需，为退休生活作准备，或是打算把财富传给后代。同样，公司需要持有现金，金融机构需要抵押品，央行和主权财富基金则需要持有外国资产。价值存储的形式多种多样，包括现金、银行存款、政府国库券、公司债券、股票、回购协议、衍生品，或实物资产，如房地产、土地、黄金等。

不同的价值存储形式之间存在差异，它们的流动性和安全性也各不相同，这些差异会反映在其预期回报率上。对于流动性和安全性均最高的资产，其回报率就是利率；而对于风险较高和流动性较差的其他价值存储形式，由于存在风险溢价和流动性溢价，其回报率会高于利率水平。

在过去的40年里，安全资产日益短缺，供不应求。这一趋势以及美国利率长期下调6%的走势均导向同一个结果，就是安全资产的价格不断走高。

与安全资产相比，风险较高的资产也变得更加昂贵，因为它们的回报率并没有下降那么多。例如，美国经济的平均资本回报率在整个时期内一直保持在十分稳定的水平，即使排除了对垄断利润的合理估算，回报率依然可观。同样，大多数评估表明，美国股市的预期收益率的降幅不像利率降幅那么大，在21世纪初期以来尤为如此。由此看来，股市的估值很高是因为利率水平很低，而且在未来很长一段时间内将保持这一高估值状态，尽管其中存在高风险溢价。这就表明，如果我们拿当前市场与历史上利率更高的时期对比，来判断是否存在泡沫或过高估值的问题，就应

格外谨慎，因为其中存在利率水平差异这一因素。总之，利率下降和风险溢价上升是安全资产短缺加剧的标志。

现在已经有了交易安全资产的全球市场，市场中汇集了来自世界各地的需求和供应。随着全球安全资产荒的加剧，国家和地区的差距已经显现出来。例如，美国是全球安全资产的主要供应商，其国际债务大多是以美元计价的债务证券；而美国的国际资产则是风险较高、流动性较差的投资，主要以外币计价。因此，美国其实正扮演着"世界银行家"的角色，在全球范围内进行风险和流动性的转换。

历史上其实已经出现过类似的先例。在布雷顿森林体系时代，美国是储备资产的主要提供者。当时，罗伯特·特里芬（Robert Triffin）揭露了以美元为中心的布雷顿森林体系根基的不稳定性，并预言其最终会分崩离析。特里芬解释说，在满足对安全的美元资产日益增长的需求和维持其安全性之间，美国正面临一个不可逾越的困境。他预言，美国为了扩大美元的地位，反而会使自己深陷信任危机，而美元也会被迫贬值。时间证明特里芬是对的，1973年美元全面贬值，导致布雷顿森林体系彻底终结。

人们很容易将这一事件归为历史上的奇闻逸事，认为它与金汇兑本位制的特殊性有关，而与当前的金融环境并无关联。这种想法是站不住脚的。布雷顿森林体系中明确地承诺美元与黄金保持固定平价，与如今美国隐晦地承诺在全球危机时期保持美元的稳定和安全，两者之间具有本质上的相似。不论哪种情况，

储备资产的大厦都建立在信心的基础上。

　　当前全球安全资产荒问题可以被视为一种新的"特里芬难题"。今天的金融世界中，私人资本大量流动，日益复杂的金融交易数量激增，不仅官方部门需要面对这一棘手的难题，更广泛的金融体系一样为其所困。除了可预测的周期性波动，我们很难预测全球安全资产荒这一结构性趋势将持续多久。但只要这一趋势持续下去，就会继续作为一项强有力的不稳定因素影响全球金融市场。

埃丝特·迪弗洛　Esther Duflo

贫穷状况正在减少，而且减少的速度相当快。根据世界银行的定义，1990年至今，赤贫人口的数量减少了一半。大多数儿童现在都能够接受学校教育，孕妇分娩时死亡的风险也大约是1990年的一半。但这些积极变化几乎都与国际援助没有关系。例如，世界贫困总人口的减少在很大程度上是由印度和中国贡献的，但这两个国家几乎没有获得过任何国际援助。贫困减少是因为这些国家发展迅速，也因为他们积极采取措施帮助了国内不富裕的民众，并在财政方面对脱贫工作给予支持。

尽管如此，发达国家中还是经常出现关于国际援助有效性的争论，各界人士热切探讨援助究竟对发展起到促进作用还是阻碍作用，"钱一旦轻易到手，发展机会就会尽毁"也是茶余饭后经常能听到的言论。其实在大多数贫穷国家，国际援助只是很小的一部分。2015年，发展中国家只获得了人均25美元的海外发展援助。而欧洲国家则获得了人均44美元的援助，甚至略高于非洲人均获得的援助额（43美元，相当于当地人均收入的2.36%）。此外，很多包裹着国际援助外衣的行动本质上是战略或军事援助，绝不是为了改善当地普通民众的生活。在很长时间里，非洲最大的受援国是埃及，而埃及同时也是非洲最富裕的国家之一（尽管相对世界上的其他国家来说仍然非常贫穷）。埃及获得的援助来自其与以色列签署《戴维营协议》（Camp David Agreement）的回报，该协议的主要内容是为了妥善解决埃及的军事部署问题。其实，很多国际援助都是这样来的，这也是反对国际援助的一方常常用来抨击援助行动的理由。但抨击要么只是概念上的混淆（大可不必将贿赂称为"援助"），要么是因为虚伪。真实的情况是，国际援助的数量太少了，不管是出于什么理由，都无法发挥很大的作用。

或许，富裕国家的公民不应该对自己国家过分慷慨的行为感到苦恼，更应该注意到富裕国家对贫困国家的直接伤害。气候变化对贫穷国家的威胁远大于对富裕国家的威胁。贫穷国家的穷人更容易因天气炎热而死，或者即使不至于死去，他们的工作效率、学习效率也会降低，过着不那么舒适愉快的生活。目前在各国盛行的严格的反移民政策也是一个例子。所有证据均能表明，放宽移民政策并不会像许多人担心的那样导致移民大量涌入，对本地工资的影响也非常有限。实际上，大多数人似乎喜欢留在自己的家乡。相反，宽松的移民政策会为发展中国家少数精力充沛的工人提供机会，使他们能够更好地养家糊口，同时流入国的生产力水平也会有所提高。贸易政策也是如此。例如，欧盟可以不必再将安全规则作为伪装的贸易壁垒了，这种伪装并不高明。如果对来自贫穷国家的货物开放边境，并切实按照商定的世贸组织规则交易，会对世界上一些最贫穷地区的民众有所帮助，如非洲、亚洲和加勒比地区的农民。

不幸的是，在目前的大环境下，以上的一切似乎都不会发生。与此同时，我们不妨把富裕国家能为贫穷国家做些什么、避免什么这类问题放在一边，而把关注的重点放在贫穷国家能为改善自身的生活条件做些什么，以及能采取什么可行的做法上。

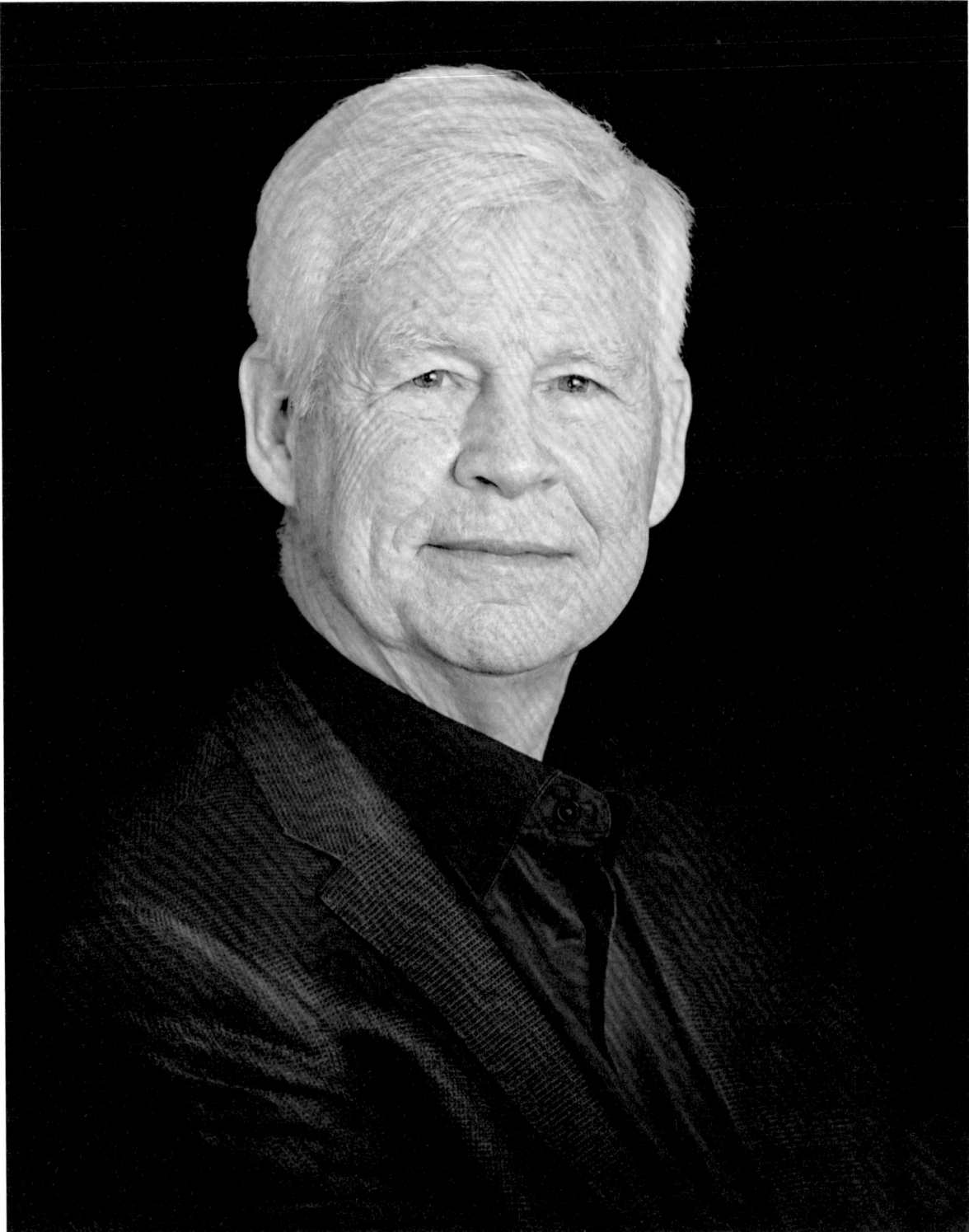

罗伯特·恩格尔　Robert Engle

许多人会认为自己目前看到的金融市场的波动程度是异常严重的，这的确是人之常情。即使在股市波动各指标都十分平稳的那段较长时期内，我也经常能听到我的学生和听众谈论股市的波动如何剧烈。所幸我们可以用量化的方法来观测波动率从高峰到低谷再回升的情况。

在2008年金融危机之后的近10年里，许多金融资产的波动性指标数据异常之低。这让人不禁好奇，这是金融行业的新常态吗？是政府管制和市场稳定的结果吗？然而到了2018年2月，我们再次了解到，当波动性稳定在低水平很久之后还是会反弹上升的。毕竟，波动性传递了与股票等资产价值有关的信息，而这种资讯的信息流也是起伏不定的。同年2月，我们得知美联储决意加息，市场将不得不作出相应调整。后来，特朗普扬言展开贸易战，而这势必会伤害到许多美国公司的利益。市场波动即对这种新信息的自然反应。英国脱欧、美国退出跨太平洋伙伴关系、金融危机和欧洲主权债务危机之后，市场上也出现了类似的冲击。通过观测这类波动，我们可以看到新闻事件是如何影响全世界所有国家的，就像医生看脑电图一样。这是一个关注和解读经济新闻的绝佳方式。

近期还有一个有趣的新发展引起了许多讨论。由于波动性本身已成为一种可交易资产，因此在新闻信息以外，交易也可能对波动性产生直接影响。目前业内普遍跟踪的波动率指标是恐慌指数（VIX），许多高流动性的期货交易都是在跟踪VIX。这些期货合约也是波动性指数的交易所交易基金（ETF）和交易所交易债券（ETN）的标的资产。XIV[1]是ETN中十分流行的一种，它是反向VIX短期指数期货的ETN。也就是说，当波动率下降时，甚至波动率不变时，XIV就可以赚钱。很明显，如果波动率上升，XIV就可能会大幅下跌，甚至可能会跌至零（ETN不能变为负值）。ETN是一种债券合同，因此可以由发行人赎回。2018年2月5日，在XIV的价值基本跌至零的时候，发行机构瑞士信贷宣布永久终止这一ETN的业务。我记得有人这样说过："交易波动性是一个赚钱的短期生意！"那么，是交易导致了波动吗？我不这么认为，但我认为交易可能会使波动性上升的速度更快。

尽管出现了新的技术，资产价格处于高位，同时政治和监管制度也发生了变化，但是围绕稳定水平的波动性起伏仍是金融市场的最显著特征。

1　XIV（Velocity Shares Daily Inverse VIX ST ETN）是由瑞士信贷公司发行的公司债ETN。——译者注

马丁·费尔德斯坦　Martin Feldstein

虽然我不再研究医疗保健行业中的经济学现象，但我相信两个基本的政策问题，现在的情况与50年前我做这类研究时相差无几。这两个问题就是如何提供可负担的医疗保健服务和如何限制医疗保健费用的上涨。处理这两个问题的关键是设计合理的医疗保险方案。

医疗保健与其他形式的家庭支出的不同之处在于，它有可能产生巨额且不可预测的医疗费用。没人能预料自己什么时候会患上重大疾病，还要应付随之而来的巨额账单，这就是为什么我们有针对医疗费用的保险，但没有针对购买食物或服装等日常支出的保险。

合理的医疗保险方案能保障个人获得自己所需的医疗服务，并能够防止因医疗费用相对于家庭收入过高而造成的经济负担。因此，这类保险应该重点关注大额支出风险。

不幸的是，目前市面上的医疗保险多是为了支付小额的、定期产生的医疗费用，并且患者在接受治疗时几乎不需要自付费用。当医疗费用均由保险支付时，患者自然会想要更多、更昂贵的护理服务。因此，这种全覆盖性质的"第一美元"（first dollar）保险推高了医疗总成本，助长了进行过多检查和程序的趋势，也提高了住院治疗的日均成本。

经过科学设计的医疗保险政策会采用大量的免赔额和共同支付条款，同时将根据不同的家庭收入，将自付费用的最大额度限制在收入的合理比例里。这一原则既适用于政府的联邦医疗保险（Medicare）和联邦医疗补助（Medicaid），也适用于私人医疗保险。

政府医疗保障项目是联邦政府预算中增长最快的部分。国会议员投票决定提供全覆盖性的第一美元保险，是为了让选民能看到自己选出的代表为民生所作的贡献。

医疗保险中的药品福利计划很好地说明了政治因素对科学设计公共医疗保险的不利影响。对于医疗保险计划中与处方药有关的规定，经济学家建议，只有在个人承担了较大金额的药品自付费用之后，保险才应介入并支付处方药的费用，同时保险也应保障个人避免因高昂药费而背负巨大的经济负担。国会议员拒绝了这一建议，因为这意味着大多数医疗保险受益人将不会从新计划中获益。政治上的妥协创造了所谓的"甜甜圈洞"：联邦医疗保险会报销个人的小额药费（而其实这类费用小到不需要保险）；当药费上升到一定数额时，医疗保险会停止给付；而当药费支出逐步累积，上升到一个更高额度时，保险金又会恢复给付。在这一奇怪的折中政策下，国会能够向大多数医疗保险受益人提供药品福利，同时通过不给付"未承保缺口"（也就是"甜甜圈洞"）来节省开支，此外还能保护个人免受巨额药费支出的困扰。

对于大多数没有参与政府医疗保险的人，其主要通过雇主资助计划获得保险，由雇主支付全额或部分医疗保险费。由于美国税法规定对雇主支付医疗保险金的部分免征税，因此雇员都会要求投保昂贵的第一美元保险，因为这类保险的免赔额度小、共保比例低。个人和雇主都认识到，为雇员的健康保险单支付

10 000美元保费无须纳税，而同样的10 000美元如果用来支付工资，通常需要缴纳金额共计约4 000美元的所得税和薪资税。政府因将雇主支付的医疗保险费用排除在应税收入和薪资税税基之外，每年的税收损失高达2 500亿美元。

修改税法能够消除目前美国过度购买第一美元保险的动机，使得医疗保险的重点重新集中在避免个人承担巨额医疗负担上。如果医疗负担过大，患者可能就无法获得所需的医疗服务，个人也有可能面临经济困难。如果私人保险的性质发生变化，政府可能会因此对联邦医疗保险和联邦医疗补助进行调整，提高免赔额和共保比例，使之与私人保险规定同步。私人和公共保险结构的这些变化也会缓解导致医疗费用迅速上升的市场压力。

以上就是我认为医疗保险方面目前需要作出的改变。很可惜，我并不认为上述改变能在不久的未来实现。

艾米·芬克尔斯坦　Amy Finkelstein

阿片类药物的流行被认为是美国历史上最严重的毒品危机。在过去20年中，阿片类药物致死人数急剧上升。2015年，每天约有90名美国人死于阿片类药物使用过量，超过目前谋杀致死人数的两倍。即使与20世纪80年代"快克大泛滥"的高峰时期相比，这一数字也比当年每日与可卡因有关的死亡人数的十倍还多。

阿片类药物流行的一个显著特点是，合法药物在其中起到了重要的推动作用。据美国疾病控制中心（CDC）估计，约2/5的阿片类药物致死案例涉及阿片类处方药，如羟考酮或氢可酮。阿片类药物死亡率的上升往往与合法途径的阿片类处方药使用率上升密切相关。

阿片类药物的流行也是一种独特的美国现象。美国消耗了全世界几乎所有（超过95%）的氢可酮和80%以上的羟考酮。尽管美国人口只占全球的4%，但美国因阿片类药物使用过量而死亡的人数却占到全球这类情况人数的1/4左右。

由于这种美国独有的现象与合法处方有关，与医疗保健部门有着直接联系，人们自然想要问卫生经济学家，我们能从美国医疗保健系统的"阿片危机"中学到什么？作为一个学术型的卫生经济学家，我也只能回答：这其实还是个未解之谜，但我推测可能有两个因素对阿片危机起到了推波助澜的作用。

首先，制药公司在美国扮演的角色与在其他大多

数国家截然不同。美国阿片类处方药的主要生产商之一普渡制药（Purdue Pharmaceuticals）一直向美国医学学术界、医生和患者积极宣传阿片类药物治疗慢性疼痛的疗效和其所谓的安全性。

制药公司将业务重点放在美国市场是很正常的：与在其他国家销售的价格和利润相比，处方药在美国销售的价格和利润要高得多。美国对制药公司营销活动的限制也相当宽松。例如，除美国外，全世界只有一个国家（新西兰）允许制药公司直接投放面向消费者的广告（Direct-To-Consumer advertising，简称DTCA）。在美国，制药公司能够通过在热门媒体上投放广告，向潜在患者直接推销自己的处方类药品。加拿大和欧盟的制药企业试图推翻政府对DTCA的禁令，但未获成功。

其次，相比其他经合组织（OECD）国家，美国一直不太愿意限制医生的自主权。这使得阿片危机一旦开始便很难被遏制，想要扭转危机就更不容易了。使用阿片类药物治疗慢性非癌症疼痛的风险很高，远高于20世纪90年代人们认知的程度，这一事实是显而易见的。在20世纪90年代，疼痛被列为"第五大生命体征"[1]。政策若顺应了医学认识的发展，就应该限制医生对此类处方的开具。美国疾控中心在指导方针中建议医生对病人使用更低剂量的阿片类药物，然而这一建议却遭到了美国医学协会的抵制。相比之下，在经合组织其他国家，国家对医生自主权的干预

1　1995年，美国疼痛学会主席詹姆斯·坎贝尔（James Campbell）提出将疼痛列为第五大生命体征。——译者注

更为普遍，甚至经常由政府决定哪些病人的哪些诊疗有资格获得报销。

在讲解完经济学中经典的"看不见的手"（市场）和"看得见的手"（政府）两方面因素后，我想在最后指出，在过去几年中，已经出现了阿片危机向其他国家蔓延的迹象。例如，在加拿大和英国，阿片类药物致死人数呈现上升趋势。我一直觉得美国的高昂药价对新药的研制起到了一定的激励作用，并且最终能使其他国家因此受益。事实上，许多新的医疗实践也的确首先在美国采用，然后逐渐在经合组织国家中推广。不幸的是，阿片类药物的流行似乎也沿袭了这一模式。

斯坦利·费希尔 Stanley Fischer

自2012年以来，美联储每年宣布的目标通胀率均为2%，这也是许多发达国家的目标通胀率。对于这些国家来说，2%不仅是长期通胀目标，也是其对未来10年的年通货膨胀率的预测值，可以说2%是一个获得广泛认可的上涨率。这其实是一个不小的成就。事实上，我们可以把这一通胀水平作为衡量货币稳定性的一个可靠指标。尽管如此，几位著名经济学家，其中包括我的朋友兼合著者奥利维尔·布兰查德，均建议将目标通胀率提高到4%。

在20世纪90年代和21世纪的最初10年中，各国纷纷开始在货币政策中加入通货膨胀目标制，形式为由央行指定通胀率，或由外部为央行制定通胀率目标。2%的目标通胀率是基于对通货膨胀的成本和收益的分析制定的。研究表明，较低的正通胀水平能带来某些积极的影响，而通胀率达到较高水平时会成为低效率的诱因，因此，通胀率应该保持在接近2%这一较低的水平上。

通胀目标与实体经济的联系来自名义利率和实际利率之间的根本区别。名义利率是以美元表示的利率：如果利率是3%，借款人每年必须额外偿还贷款3%的利息。实际利率则代表以购买力（即实际价值）衡量的额外偿还金额的百分比。

名义利率和实际利率之间的差额就是通货膨胀率，即实际利率（$r*$）等于名义利率减去通货膨胀率。例如，如果名义利率是3%，通货膨胀率是2%，那么实际利率1%。在这种情况下，实际利率为正。但是如果通货膨胀率是5%，名义利率是3%，那么得到

3%利息的人实际上损失了2%。在这种情况下，实际利率就是–2%。

在任何时候，实际利率都与当前劳动力充分就业的情况相一致。实际情况中$r*$可能为负值，也就是说，只有实际利率为负值，才能产生足够的总需求，确保劳动力充分就业。如果$r*$为负，比如–x%，那么为了保证名义利率为正，通胀目标就必须大于x。

学者们提出提高通胀目标，是相对于当前的2%目标通胀率而言的。但这种论调也考虑到一个事实：在全球金融危机期间，实际利率为负，而未来可能会更低，也就是说世界经济会长期处于停滞状态。支持这一假说的学者包括拉里·萨默斯（Larry Summers）等。

在全球金融危机期间，一些在财政责任上具有良好声誉的国家（包括瑞士和瑞典）将短期名义利率定为负值，但并未改变其目标通胀率。然而，各国央行往往会对负的名义利率保持警惕态度，原因可能是担心背上不负责任的骂名，也有可能仅仅是怕被视为异类。因此，央行可能不会实施低于–2%的实际利率。

提高通胀目标的理由是，如果出现经济衰退，且$r*$低于–2%，那么通胀目标为2%且拒绝实施负名义利率的央行就不能将利率下调至–2%或更低水平。这限制了央行能够提供的刺激性政策，也就是以极低利率的形式鼓励投资，从而刺激总需求。但如果目标通胀率为4%，央行就能以低于或等于$r*$的实际利率发放贷款，以低利率刺激经济活动。不过，通货膨胀是一把双刃剑，通胀水平保持在较高水平通常会降低

市场经济的效率。

　　我们需要比较平均通胀率分别为2%和4%的经济体的表现，才能确定哪个通胀目标更为恰当。要做到这一点，我们还需要将成本（或许是声誉或信誉成本）归因于名义利率变为负值的频率。相比于4%的通胀率，当通胀率为2%时，名义利率变为负值的频率会更高。

　　如果要确定是2%还是4%的通胀率更适合经济体的良好运行，还需要进行更多的研究。但由于高通胀的成本是高度非线性的，而且一些经济体已经了解如何处理名义利率为负的情况，我个人倾向于采取2%的目标通胀率，而不是更高的通胀目标。

克劳迪娅·戈尔丁　Claudia Goldin

在过去的一个多世纪里，劳动力市场最重要的变化就是有越来越多的女性作为有酬工作者，参与到经济活动当中。这一现象不仅对于美国而言意义重大，而且对于世界上几乎所有地区都意义非凡。这里我用了"几乎"一词，是因为在世界上一些最不发达的地区，大多数女性要么仍然以务农为生，要么打理小型家族生意，或者只是待在家里。

随着市场扩张，人们为了获得更可观的收入，走出家庭和农场，去更远的地方工作，在这一背景下，女性就业的真正好处就出现了。如果职业女性群体的整体年龄较大且已婚已育，社会福利也会提升，因为这类群体在社会中所占的比例最大。此外，年轻的单身女性几乎都是职业女性。那么，在像美国这样的国家，女性的就业率究竟增加了多少，又为什么会增加呢？

1900年前后，只有5%的已婚女性为了赚钱而离家工作。大多数女性只要结婚，就不会被人雇用。而一百多年后的今天，几乎所有女性都在婚姻生活的某个阶段参与过工作，其中大约75%的女性在35岁左右仍然会被雇用。我们现在比1900年富裕得多（按人均计算，富裕程度大约是当年的9~10倍，还不包括寿命的延长）。在1900年，妻子的额外工作收入相当可观，但已婚妇女在农业以外的领域就业率很低。为什么那时的女性不工作呢？又是什么原因导致了职业女性群体的扩大呢？

有一些因素的作用显而易见。家庭就像一个小工厂，许多事情需要人来完成，有着像实际工厂一样的劳动分工。随着省力设备（比如洗衣机、微波炉）以及电力、自来水和卫生系统的普及，女性从家务劳动中解放出来了。生育率也是重要的因素之一。随着生育率的下降，女性在怀孕、护理和照顾小孩子等方面花费的时间减少了。这是很大的进步，但这些只是部分显而易见的原因，我们还需要更多的解释。

目前，解释中缺乏的部分是经济学家所说的"收入"和"替代"效应。由于整个经济领域中出现技术变革，且收入水平普遍提高，这两种效应应运而生。首先，平均来看，所有人的时间价值（以每小时工资为衡量标准）都在上升。随着工资的提高，人们的动机变成希望增加工作时间，少花时间做其他事情。然而，收入的增加产生了相反的效应，这点在女性身体现得尤为明显。随着收入水平的提高，丈夫会想保护自己的妻子，让她们远离艰苦、肮脏和危险的工作。直到20世纪初的某个时间，大多数工作的工作环境都被认为很糟糕。

但随着现代经济增长，就业机会从车间转移到办公室，从农民转移到专业人士，从矿山转移到办公桌。教育回报率也有所上升，一个职业女性获得的社会评价不再以"她丈夫供养她的能力"为标准。工作不仅是谋生的方式，也是个人身份认同和社交陪伴需要的一部分。此外，收入增加对女性工作的负面影响要小得多，正面影响更大。"收入效应"下降，"替代效应"上升。

因此，在经济发展过程中，女性劳动力的参与度呈现"U"型态势。在早期阶段，每个人都在家庭和

农场工作，就像今天世界上欠发达地区一样。随着市场的扩张，农业和小型家庭企业萎缩。男性在制造业公司工作，女性则留在家里。这一时期女性的就业率便有所下降。但随着经济的进一步发展，白领阶层中出现了更多的"好"工作，"脑力劳动"比"体力劳动"更受重视，女性就业对市场经济中实际工资的增长作出了积极的反应。女性的受教育程度提高，就业率也增加了。

女性就业是一篇宏大的史诗，其内容远不止于此，也包括社会规范和有关家庭休假和儿童保育方面公共政策的作用。但上面提到的"U"型模型已经对美国女性就业的长期历史作出了很好的概括。

奥斯坦·古尔斯比　Austan Goolsbee

这是一个经典的公共财政问题，也经常在政治舞台上引发争论。我认为，对于美国这样一个国内主导的内循环大型经济体，这一问题的答案是："不会，促进作用不会很大。"

乍一看，提高资本的税后利润似乎应该会促使企业想要吸引更多的资本，因此投资应该有所增加。然而，近几十年来，尽管美国的企业利润在GDP中所占的比重达到了历史最高水平，缴纳的企业所得税也达到了历史最低水平，但美国的国内投资并没有出现繁荣局面。如果对上述现象展开更详细的微观经济研究，我们往往会发现，价格（税收是其中一个组成部分）对投资额的影响相对较小。一些人甚至认为，投资主要是跟随需求变化，或者与企业能否获得信贷有关，而边际激励措施是无关紧要的。一部分持温和观点的人则认为，现实世界中的许多复杂因素可以解释为什么企业税率的变化不会对投资产生很大的影响。

首先，企业过去的投资总额（经济学家称之为"资本存量"）相比其本年度的投资额来说，一定是巨大的。因此，如果税率降低（此举对过去和当前的所有投资都有利），企业的相应措施会是极大地减少过去已经进行的投资额，而不会追加新的投资。从严格意义上来讲，大多数经济学家都认识到，鼓励新投资比降低企业整体税率的效果要好得多，这可以解释为什么削减公司利率并不那么具有深远的影响。

其次，税法中的许多复杂因素降低了企业税率对投资的影响。举一个有说服性的例子来解释，如果一家公司通过借贷获得投资资金，并且债务的利息可以完全免除，那么公司税率的高低就变得不太重要了。事实上，如果税法中规定了对投资的补贴，同时允许全额免除利息，那么很容易导致资本投资产生负税率的状况（在这种情况下，降低企业税率实际上会产生相反的影响）。

再次，美国大部分的商业收入都流向了那些根本不需要缴纳企业所得税的公司，因为它们不是传统类型的公司，比如合伙企业、有限责任公司（LLC）、小型股份制公司（S corp），以及法律称之为"过手型"（passthroughs）的合法组织形式。这类企业所有者将企业所得视为个人所得，完全避免了企业所得税支出。这类公司的数量业已十分庞大，其总营收现在占美国国内企业总收入的50%以上。对于这些企业来说，它们本就不支付税金，因此削减企业所得税对投资自然毫无影响。

最后，过去的实例表明，政策制定者在选择时机降息以鼓励投资方面表现得非常糟糕。他们一般会在投资式微的时候尝试降息，但当措施真正开始实施时，情况往往已经发生了变化。如果政策制定者最终在投资水平已经很高、资本商品生产商产能受限的时候削减企业税，那么减税的结果可能会导致通胀加剧，而不是投资增加。

对于小型开放经济体，这个问题的答案可能总体上有所不同（大概解释了为什么这些小型经济体的企业利率往往要低得多），因为在这些经济体中，投资行为对利率更为敏感。随着大型经济体越来越面向国际，跨国公司的重要性增强，企业税率可能会对一种资本决策产生影响，即企业将利润定位在何处，以及将业务活动定位在何处。跨国公司在如何将利润转移到避税天堂，将费用转移到高税收地区（这些地区有税收抵扣），或将总部及知识产权转移到低税率地区等方面已经积累了深厚的"专业知识"。降低公司税率可能会对这些行为产生很大的影响，但这也许并不是人们通常想到的对公司税率的投资反应。

詹姆斯·赫克曼　James Heckman

优势儿童和弱势儿童身处的环境天差地别，这一问题引发了民众对美国社会流动状况的严重关切。而幼儿期身处不良环境带来的负面影响可能会持续终生。

高质量的幼儿教育项目有助于为弱势儿童群体构建良好的学习环境，帮助儿童成长，这一点可以从各种高质量的幼儿教育项目实例中得到验证。若有分析人员对以上项目进行客观的重复实验，也会得到一致的结果。此类教育项目对儿童人生的益处不仅体现在智商或考试分数等社会公共政策讨论中关注的焦点上，还有实质性的深远影响。高质量的幼儿教育项目能促进参与者的身心健康发展，减少犯罪活动，还能提高其收入和社会参与度。这一项目的经济和社会回报率之高，与股权投资回报率不相上下。证据表明，政府应该对弱势群体的高质量项目提供公共补贴。从目前的项目质量水平和成本来看，其社会效益远远超过其社会成本。而如果从经济或社会角度来看，开展全面普及的早期教育项目的理由其实并不充分。

平均而言，富裕家庭的子女不会从面向弱势群体的公共幼儿教育中受益。能够使富裕家庭获得好处的其实是让父母从育儿生活中解脱出来的托儿服务。因为将子女委托给托儿所照看，父母就有精力和时间投入工作。但这样做有时也会产生代价：如果儿童处在低质量的环境中，会对其造成伴随一生的负面影响。

当对项目进行评估时，应根据项目对参与者人生中多方面境况的影响来判断，而不是仅仅根据项目结束后短期内儿童的智商或成绩。分析人员应该将儿童在成长为更有生产力的成年人的过程中所需要的全方位技能纳入衡量标准。许多分析人员将项目的有效性与儿童在短期内的认知表现画等号，但这种评判标准其实不能很好地预测其未来人生成功与否。对于个人来说，注意力、冲动控制、交际能力和自觉性等社交情感能力，是成就事业、保持健康和提高社会与经济生产力的主要动因。遗憾的是，衡量体系中往往没有纳入对这些技能的考察。

佩里学前教育项目（Perry Preschool Program）和卡罗来纳初学者项目（Abecedarian Project）等示范项目均包含了对儿童社交情感技能的评估，并收集了有关教育、就业、健康和成年后犯罪活动的数据，为早期教育成果提供了宝贵的信息。后期对这两个项目的评估表明，二者对参与者在高中毕业、长期就业和减少犯罪活动方面都产生了有利影响，对参与者的身体健康状况和健康习惯也起到了正面作用。可以说这两个项目都具有很高的回报率。佩里学前教育项目在评估时衡量了参与者40岁以前的人生成就，结果表明这一项目的效益成本比为6.6，投资的年回报率为7.7%。卡罗来纳初学者项目则在参与者35岁时对其人生成就进行分析，并在回报率分析中纳入了更广泛的考量，结果显示项目对参与者的健康产生了巨大的正面影响，其回报率也高于佩里学前教育项目，年回报率为13%~14%。

随着儿童的年龄增长，公共政策辩论中备受关注

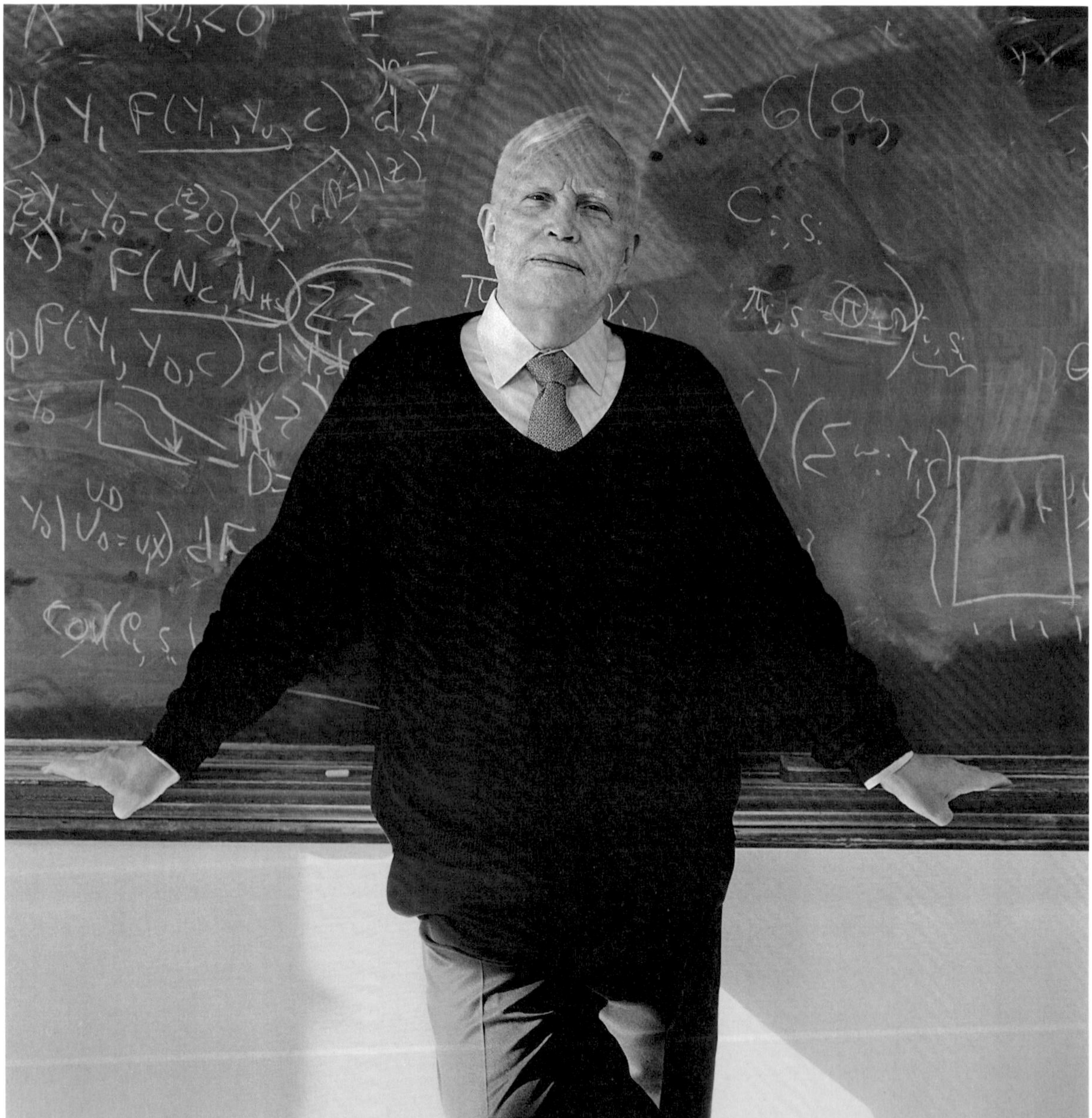

的儿童智商和认知能力分数会逐渐失去意义，但以上提到的各种长期影响会依然存在。参与者的社交情感技能提高是这些长期影响向有利方向发展的主要因素，而这点比提升认知技能要重要得多。社交情感技能的提高，在健康、收入、教育程度和减少刑事诉讼方面带来了很高的回报。因此，以弱势儿童为帮助对象的高质量儿童早期教育项目，在社会意义上是公平的，从经济意义上看也是有效的。

过去项目的经验在今天仍然具有很强的现实意义，因为现在的项目是以过去项目的主体为基础构建的，而对于许多同类型的项目来说，获得成功的机制大同小异，成功的经验也应该借鉴。

吉塔·戈皮纳斯 Gita Gopinath

根据记录，世界贸易中有很大一部分是以美元计价的，即使美国并不参与贸易交易也是如此。具体来说，美元作为计价货币的份额是美国占世界出口份额的3.1倍，是其占世界进口份额的4.7倍。为了突出美元在世界贸易中的特殊作用，不妨将其与另一全球性货币——欧元——在贸易中的份额进行对比。欧元作为计价货币在世界贸易中所占份额，约为欧元国家进出口占世界贸易份额的1.2倍。换言之，虽然一些非欧元区国家以欧元作为出口计价货币，但依旧比美元的使用规模小得多。一言以蔽之，目前，包括发达国家在内的大多数国家在进行国际贸易时都严重依赖美元计价。

因此，美元的价值是世界其他地区总贸易额和消费者/生产者价格通胀的关键预测因素。对一些国家来说，相比本国与贸易伙伴的双边汇率，该国货币相对于美元的价值对其与非美国国家的贸易具有更大的影响。例如，印度从中国进口的货物的价格（以卢比计价）和数量，其实更取决于卢比-美元汇率，而不是卢比-人民币汇率。这些发现与文献中的标准假设背道而驰，文献中假设一国的汇率与其在全球贸易中的作用同等重要。但我与合著者在论文中展示的是，美元在全球贸易中的特殊作用远远超过其在世界贸易中的份额。具体来说，如果美元相比世界上其他所有货币升值1%，那么预计在一年内，世界其他国家之间的贸易总额将下降0.6%。由此，美元的价值对全球经济周期产生了重要影响。

这些发现大大改变了我们对国家间依赖关系的理解，也改变了一些问题的答案，例如：汇率波动如何影响通货膨胀和贸易？美国的货币政策如何传导到世界其他地区？对于通货膨胀的问题，一个经验法则能很好地衡量一个国家通货膨胀率对汇率波动的敏感性，那就是研究该国进口商品中以外币计价的部分。一个国家以外币计价的进口额比例越大，其通货膨胀对汇率波动的敏感性就越高，而通胀受影响周期最长可达两年。对于美国来说，93%的进口商品以美元计价，汇率波动的后果远比印度这样97%的进口商品以外币（主要是美元）计价的国家要温和得多。美元在国际贸易中的主导地位意味着，对于美国而言，汇率向本国通胀的传导力度相对较弱，而对于世界其他地区（尤其是发展中国家）而言，这一力度则要强得多。当一国货币贬值时，人们对出口竞争力的预期是，该国商品在世界市场上的相对价格会随之降低，从而刺激市场对该国产品的需求。然而对于许多出口依赖外币计价的国家来说，其实不太可能出现这样的情况。最后，我想说的是，货币政策的溢出效应存在不对称性。一方面，美国实行紧缩性货币政策会引发美元升值，从而在进口主要以美元计价的国家产生通胀压力，促使这些国家随之实行紧缩的货币政策以解决通胀问题。另一方面，世界其他地区的紧缩性货币政策对美国通胀的影响很小，因此美联储几乎不会作出任何相应的反应。

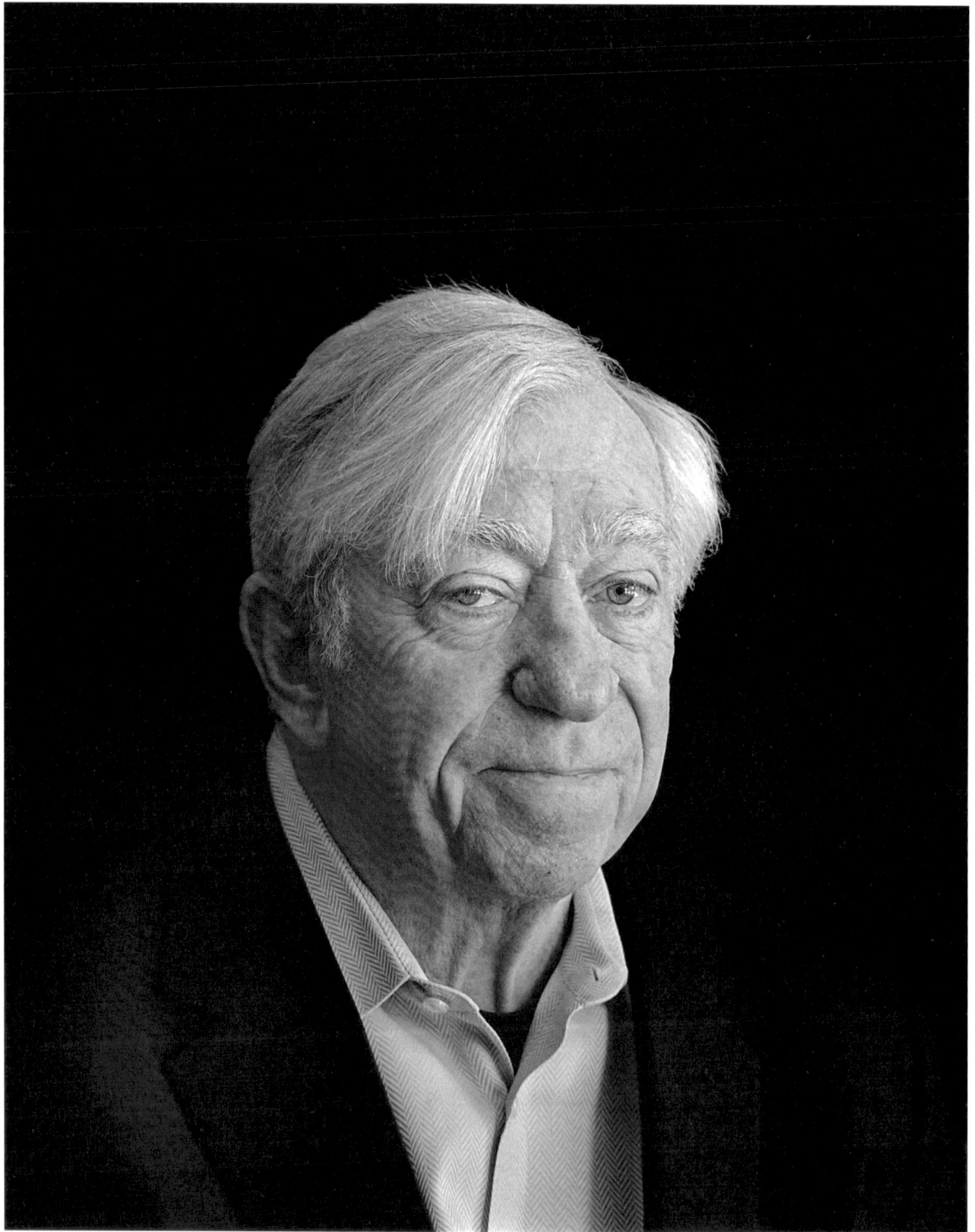

罗伯特·戈登 Robert Gordon

增长经济学家会对"生产力增长和就业增长之间存在负相关"的观点嗤之以鼻。毕竟，生产力增长的长期演变过程取决于创新、教育和资本深化（每个工人对应更多的机器）。相比之下，从长远来看，就业增长取决于劳动力的增长，因为失业率在长期大致保持不变，比如，1955年的失业率约为4%，而1968年、2000年和2017年也保持了同样的比率。劳动力的长期增长取决于人口趋势，这些趋势与生产力增长几乎没有关系，而与"婴儿潮"一代的生育率，20世纪70年代和80年代，20世纪女性加入劳动力市场的一系列社会变化，以及"婴儿潮"一代的退休导致的劳动力参与率的下降有关。

我在这里想讨论的问题是，生产力增长和就业增长之间是否存在负因果关系。历史上的几个例子能体现就业增长对生产力增长的负面影响。20世纪70年代和80年代期间，生产力增长有所放缓，学者对这一现象的解释一般是："婴儿潮"时期出生的青少年和新加入的女性劳动力缺乏经验。另一个体现就业对生产力产生负面影响的事件发生在全球金融危机期间，2009年就业率的下降速度超过了产出速度，导致生产力增长出现了短暂的泡沫。在此期间，奥巴马经济顾问委员会主席克里斯蒂娜·罗默将这种现象称为"过度裁员"，顾名思义，这种现象会导致"短期生产力过度增长"。

这些事件表明，就业增长可能对生产力增长存在负反馈效应。那么反过来呢？根据定义，产出增长等于每小时产出的增长加上工作时间的增长。2010年至2017年，产出增长乏力，生产力增长也同样如此——同一时期，生产率仅以每年0.6%的缓慢速度增长。假设在这段时期里，年产出增长率只有2.2%的微弱增长完全是由需求因素造成的，比如政府支出的减少和投资的疲软，那么仅从数值上看，生产力的缓慢增长必然会促进工作时间的强劲增长，而2010—2017年，工作时间的年增长率约为1.6%。

美国经济在2019年至2020年面临的一个主要问题是减税、政府支出增加和股市估值上升等需求刺激因素将如何在供给方面发挥作用。劳动力市场紧张，失业率创下20世纪60年代末以来最低水平，这表明很难通过充分延长工作时间来满足不断增长的需求。20世纪90年代的失业率也很低，如今的生产力增长态势会不会像当时那样再次复苏呢？要实现对需求增长的乐观预测，生产力增长必须高于2010年至2017年0.6%的微弱增长率。受到企业减税政策的刺激，投资额在一定程度上有所增加，这是否会与劳动力短缺一道，助推经济持续发展所需的生产力提高呢？让我们拭目以待。

艾伦·格林斯潘　Alan Greenspan

时间偏好是人的一种普遍行为倾向。针对同样的资产，人们认为在当下偿付会比在未来某一固定时间偿付更有价值。换句话说，大家普遍认为，明天兑现的承诺不如今天兑现的承诺值钱。苹果早期热门机型iPhone5（于2012年9月发布）在发售时，许多买家为了避免等待，不惜支付额外的即时配送费用，这显然反映了他们的时间偏好。对于我们大多数人来说，主要通过利率和储蓄率这两个明确对应时间偏好的方面来体会其影响。几代人的历史经验表明，时间偏好能够保持在一个相对稳定的水平。事实上，公元前5世纪的希腊与我们当今的市场，有着相似的利率水平。英格兰银行在1694年至1972年的官方政策利率介于2%和10%之间；在20世纪70年代末的通货膨胀时期，这一利率飙升至17%，但此后又回到了个位数的历史水平。因此我们可以合理地得出结论：时间偏好没有明显的长期趋势。

对时间偏好稳定性的推论也符合行为经济学。斯坦福大学心理学家沃尔特·米谢尔（Walter Mischel）在1972年和1990年进行了一项著名的实验，他研究了4~6岁儿童放弃即时满足感的能力，并在数年后调取了同批实验者的SAT分数。他发现，孩童时期愿意延迟满足的人往往也会在SAT考试中获得高分。2011年，研究者对同批实验者进行了一项后续研究，再次证实了这一论点。这也表明尽管每个个体的时间偏好并不相同，但人的时间倾向度基本上是天生的。为了获得未来更大的回报而放弃短期满足感的人，通常拥有更高的智力水平。

因为时间偏好基本无法直接可见，因此利率趋势也很难验证，但我依然认为，实际市场利率（调整通胀预期后的利率）正在不断向稳定的时间偏好水平靠拢。

罗伯特·霍尔　Robert Hall

美国工人的实际收入增幅落后于生产率增长，第一个原因是工人总收入在经济活动中的比例下降了。经济学家们对这一问题的看法基本一致，认为主要的原因是市场竞争式微，相比工资水平，企业利润的上涨幅度更高。这不难理解，因为一些行业——如互联网搜索引擎行业——存在自然垄断的性质，所以市场总体上正趋于集中化。在美国的许多市场中，少数规模不断扩张的公司的市场销售额占比不断上升。一些经济学家认为，反垄断政策引发了过多的企业合并行为。另一个因素是，许多行业的成本结构已从可变成本向固定成本倾斜。固定成本和利润以同样的方式挤压了工人的收入空间。在过去20年中，这一因素导致减少的收入占收入总量的6.5%，即截至2017年，这一因素造成普通家庭的收入平均每年减少4 000美元。

收入增长落后于生产率增长的第二个原因是工作人口的比例减少。值得注意的是，失业并非造成工作人口减少的原因。1996年的失业率为5.4%，2016年的则为4.7%。工作人口减少的一部分原因是"婴儿潮"一代纷纷退休，但从数据上看，似乎约有3%的工作人口减少是来自其他因素。30岁以下的人，尤其是青少年，就业占比的下降幅度最大。未完成大学学业的群体的工资水平，远远落后于大学毕业生的工资水平，且后者还保持了相当快的上升速度。这样一来，拥有大学学历的年轻父母就更有能力抚养自己的后代。还有一些研究发现，廉价的电子娱乐吸引了年轻男性的注意力。在几十年前电子游戏流行之前，年轻男性往往会选择出门工作，而不是待在缺乏娱乐活动的家里，但现在的情况已大不相同。40岁以上人群的健康状况有所下降，这似乎也是中老年群体就业率降低的因素之一。在过去20年里，由于人口老龄化和老年群体健康状况的恶化，社会对残疾人保障计划的依赖大大增加，而这些计划均规定参与者不可以拥有工作。一些经济学家担心，社会对其他不鼓励工作的福利计划的依赖会逐渐增长，特别是联邦医疗补助和食品券（food stamps），这两个计划在过去20年里大幅扩张，其规模在2007年末经济开始衰退之后增长得尤其迅速。在过去20年里，工作人口减少导致减少的收入占收入总量的5.5%，即截至2017年，这一原因造成普通家庭收入平均每年减少3 300美元。

收入水平没有跟上生产力发展的第三个原因是，工作时间变短了。1996年，普通工人每周的工作时间为39.3小时，2016年下降到38.7小时。在过去20年里，每周工作时长缩减导致的收入下降占到收入总量的1.5%，即截至2017年，这一原因造成普通家庭的收入平均每年减少900美元。

在1996年到2017年的20年间，由于以上原因的综合作用，平均家庭收入相对于生产力而言缩水约13%，即每年减少约8 000美元。

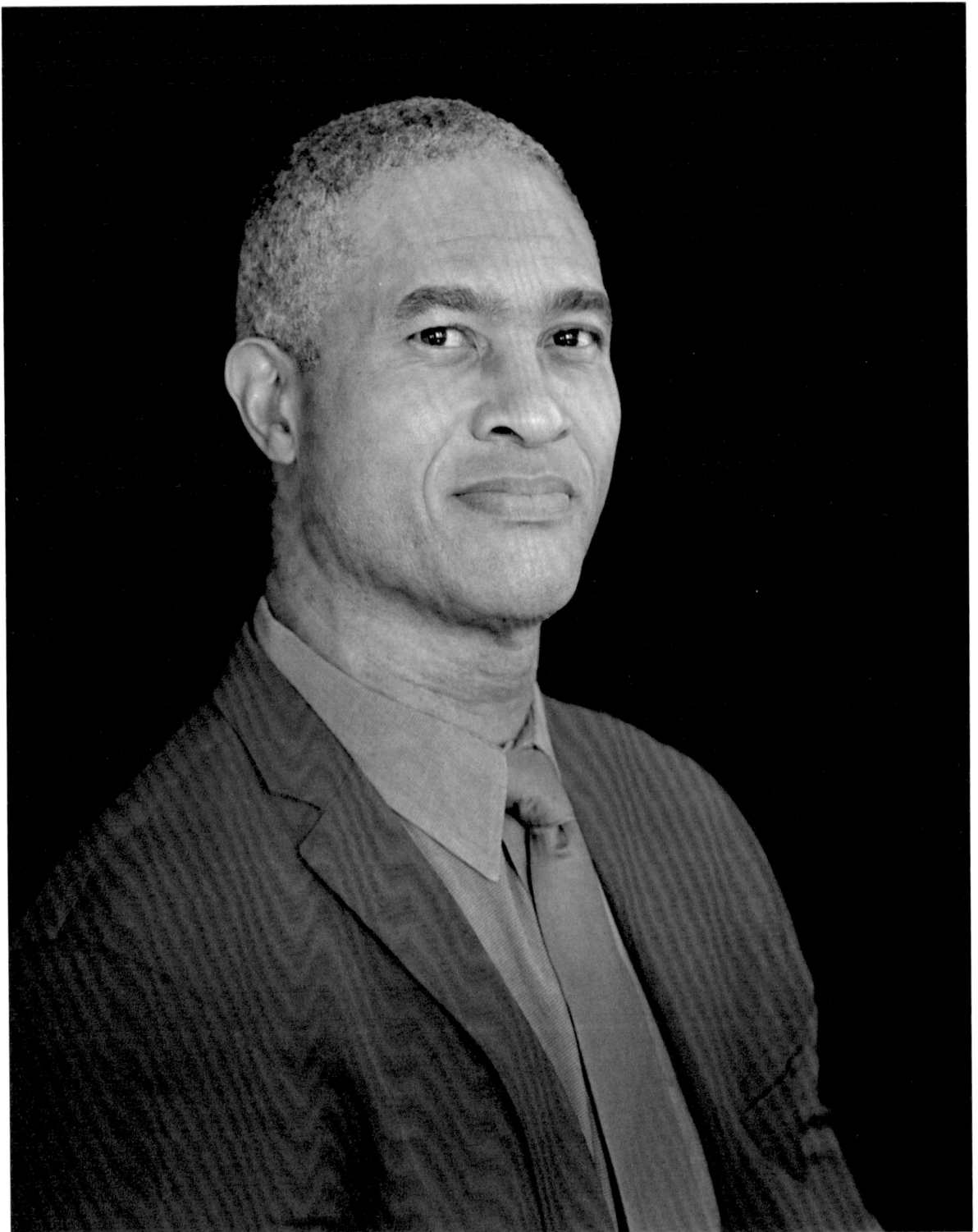

彼得·布莱尔·亨利　Peter Blair Henry

2007年至2009年的全球金融危机对新兴经济体和发展中国家的增长前景造成了破坏。自这场危机以来，这些经济体的GDP增长率的下降水平是发达经济体的两倍，而且由于目前新兴经济体的商品和服务的总产量占全球GDP的一半以上，这类增长放缓现象引起了各界的高度关注。

经济增长放缓的核心原因是从发达经济体流向新兴经济体的资本量长期下降。1945年以来，良性的资本循环推动着全球经济的繁荣，如今却陷入停滞。危机开始后，资本流量急剧下降，最终保持在1980年以来的最低水平。发达国家经历过从"二战"后恶劣的经济环境中复苏的挣扎，诞生于这一背景下的焦虑助燃了民族主义，也削弱了公众对自由贸易、移民以及经济一体化进程的支持。但是，理解资本流向发展中国家的重要性，以及这些国家经济转折的历史，也能为发达国家未来的经济增长和繁荣指明方向。

1994年到2007年，也就是金融危机发生前的这段时间，新兴经济体的GDP年增长率为5.4%，比1980年到1993年快了2个百分点。这些国家的领导人改变了过往强调对外独立历史的经济政策，以此启动了转变。其中最突出的例子是，许多国家一反常态地制定了将通货膨胀率降低到个位数的政策，而像阿根廷这样的国家，在政策发布前10年中每年的通胀率都超过3 000%。大部分发展中国家的经济变革还表现在政府在经济中发挥的作用趋于温和，让市场在分配商品和服务方面发挥更大的作用，同时国家也更加尊重法治，对国际贸易的态度更加开放。由于在国内创造了更有利于商业的环境，并欢迎非居民参与本国经济发展，再加上外国资金和技术涌入等因素，各个国家纷纷迎来了投资、工资水平、生产力和经济增速等方面的全面提升。

有一点很重要，那就是发展中国家的经济进步并不是以牺牲发达国家的利益为代价的。1994年到2007年，发达国家的年均增长率与1980年到1993年的水平持平，均为2.9%。事实上，发展中国家收入的增加提高了其人民的购买力，使他们能够从G7国家购买更多的商品和服务。商品、人员和资本的跨境自由流动，推动了发达国家平均生活水平的不断提高，同时也使发展中国家数以亿计的人摆脱了贫困。

然而现在，许多发达国家的领导人不仅不处理本国人口老龄化、生产力减弱、经济决策不严谨和资本预期回报率低等现实问题，反而还声称是新兴经济体的快速增长导致了发达国家的经济增长放缓，这显然是错误的。按照他们的说法，新兴经济体的经济成功是零和博弈，新兴经济体的经济增长会导致其他国家的经济复苏更加乏力。这种解读充斥着欺骗意味。事实上，如果新兴经济体增长加快，发达国家也会从中受益。

新兴经济体能够实现更快速增长的原因在于其人口结构。发达经济体的适龄工作人口正在逐年减少，相比之下，2018年，发展中国家每月却有超过110万的新工人加入劳动力队伍。而到2030年，这一数字将上升到每月170万。重新调整投资政策，使资本从低回报的发达国家持续流向发展中国家，不但能为新兴经济体带来就业效益，同时也将促进全球经济增长，提高老龄化发达国家的退休金投资收益。发展中国家和发达国家都有很多机会，但我们需要这两方国家的领导人及时出面推进，把握机会。全球经济增长一定不是零和博弈。

本特·霍姆斯特罗姆　Bengt Holmström

　　高管的薪酬水平确实已经过高。资料显示[1]，标准普尔500指数中上市公司高管的薪酬中位数为1 000万美元，这比美国普通工人的平均收入高出大约250倍，而1980年的高管薪资（按通货膨胀调整后）仅为180万美元。可见在过去30年里，高管薪酬的增长是非常惊人的。

　　对于这种薪资激涨的状况，许多人认为是由于首席执行官（CEO）的权利过大，使董事会屈服于高管的要求。但这种观点不能解释CEO的薪资在1980年后突然上涨的情况，也不能很好地解释为什么私募股权公司能为其CEO提供比上市公司更优厚的条件。还有人认为，这是全球化推动下企业间对CEO人才的竞争加剧导致的，这种解释更为合理。此外，20世纪80年代初以来，主流报刊都公布了高管薪酬的具体数字，CEO可在商定薪资时以这些公开数据为基准。由于一般不会有CEO希望自己的薪酬低于行业平均水平，最终结果就是CEO的整体薪资水平不断上涨。这是一个合理的动因，也符合薪资激涨发生的时间线。对于所有行业来说，劳动力市场上的CEO人才都十分稀缺，供求的差异导致CEO拥有巨大的议价资本。当人们意识到这一点时，上面的原因就更具有说服力了。一位顶级CEO可以为一家大公司增加数十亿的价值，并且要找到一个好的继任者不但困难，也充满风险。那么，CEO应该从这笔增加的价值中获得多少呢？在我看来，目前薪酬上涨是谈判筹码变动的体现，而这种变动是由信息透明度的提高带来的。

　　作为经济学家，我们通常不对谈判筹码有利于哪一方表明立场。因此，在经济分析中，学者会更多地关注高管的薪酬结构，而不是薪酬水平。过往的公司丑闻和金融危机暴露了薪酬结构的弱点，引发了重大的变革，而其中一些变革是很有裨益的。限制性股票已经取代期权成为最常见的薪酬形式，原因有二。第一，即使股价下跌，发放股票依然可以产生激励作用，但期权必须重新发行才能保持其激励力度。第二，限制性股票有较长的归属时间（股票可以出售前的持有时间），这增加了激励的稳定性。当然，企业可以将期权的归属时间设计得更长，但这会增加期权最终一文不值的可能性，也提高了期权重新发行的频率，从而导致薪酬体系的稳健性和透明度降低。

　　遗憾的是，为了提高CEO的责任心并限制其薪酬水平的增长，薪酬顾问开发了一系列更复杂的报酬工具。有一种所谓的基于业绩的股权计划，会根据CEO在一系列指标（通常包括股东回报率和各种会计核算）上的表现，决定向其发放的预定股票或期权的数量。这类报酬计划通常长达数年，随着时间的推移也会渐渐出现不同的变动因素。这些计划不仅十分复杂，难以理解和评估，而且违反了激励方案最基本的设计原则之一，即应该让CEO可以看

1　资料来源为Equilar公司发布的美国CEO年度排行，2018年。——编者注

到自己的工作和所获得的奖励之间的联系。那我们为什么会设计出这么混乱的一套体系呢？答案是，自丑闻和危机爆发以来，确定CEO薪酬模型时会更多地考量公平性和政治因素，而不再是激励作用了。

我希望在不影响激励机制的前提下，能够更透明、更直接地解决公平性问题。这并非是一项不可能完成的任务。

卡罗琳·霍克斯比 Caroline Hoxby

从1970年到2014年，按通货膨胀调整后的美元实际价值计算，财政在公立小学和中学教育方面的人均支出增加了2倍。但与此同时，高中生在美国国家教育进步评价（NAEP）中的分数几乎没有变化。20世纪70年代初，大约25%的高中生数学成绩可达"熟练"（proficient），而现在这一比例与当年基本一致。此外，如果我们把高中辍学者（未参加考试）的人数也纳入统计，达到"熟练"水平的学生比例则只有大约20%。

在教育评价中设置"熟练"这一能力标准是具有现实意义的，因为分数低于这个标准的学生在高中及以后阶段的学习中会面临许多困难，也经常在没有拿到学位时就辍学了。目前，在美国经济中蓬勃发展的行业均为高等教育密集型产业，而这些辍学青年几乎没有任何能在这类行业中立足的技能。与44年前相比[1]，美国能够从事高技能工作的人口比例并没有增加，而雪上加霜的是，美国以外地区的高技能人才比例不仅大大增加了，而且在持续增长。这一问题十分重要，因为未来的高技术产业将在高技术人才所在之处落地发展。对于美国而言，这种情况无异于是一种潜在的危机。

我们不可能继续通过"老一套"的操作来解决这一危机，因为在过去的几十年里，财政在中小学教育方面的实际人均支出大大增加，但学生的成绩却停滞不前，"老一套"显然并不奏效。因此，教育领域的

经济学家经常会被问到一个问题：我们能否通过科技和线上教育解决这种问题？对于这个问题，我的答案是，这种方式能解决一部分问题，但无法解决绝大部分问题。

我们可以通过分析关键的现实问题，来更好地理解为什么技术可能会起到一定作用，但并不会成为许多人期待中的"灵丹妙药"。第一，已有许多严谨的研究表明，教师向学生传输的信息量——也就是"教育增值"——存在很大差异。同一学校、教授相同课程、接受相同培训的教师之间，"教育增值"的差异很大。教师的"教育增值"水平并不能简单地通过是否拥有大学学位或好的教学材料来衡量，而似乎是智力、知识、魅力和管理技能等多种因素复杂作用的体现。第二，由于教师的报酬不是根据他们的教学水平或其他优点来确定的，而是根据资历计算，因此对于一些能力出众的教师，由于其才能在教学以外的领域更能获得回报，而从教学本身获得的回报微乎其微，所以他们往往会决定离开教学工作（或一开始就选择不进入教师队伍）。第三，大多数学生都不会自主学习，要确保他们的学习质量，就要让他们积极参与到学习当中。事实情况是，许多学生如果有更多机会接触网络，学习效果似乎会变得更差，原因可能是网络分散了他们的注意力。第四，学生的学习速度各不相同，因此，当他们升入高年级时，不同水平的学生需求的差别会日渐分化。

1　此处对比指1970年和2014年的情况。——编者注

技术是否解决了以上关键问题呢？它很好地解决了最后一个问题。技术可以让学生按照个性化的步调进行学习，这对成绩优异和成绩较差的两类"特例"学生很有帮助。

然而，其他大多数问题并不能通过技术来解决。虽然网络学校可以让优秀的教师和先进的课程触及更广泛的受众，但这似乎主要对高度自律且聪慧的学生有益，这类学生也是在各学段（小学、中学、中学后）的线上学习中表现良好的最大群体。实际上，最有可能从技术中受益的学生是生活条件较差，但具有极强的自我驱动力和学习能力的学生，他们如果没有网络，就没有学习一些课程的途径。这类学生群体确实存在，尤其是在发展中国家，但他们并不是美国或其他发达国家教育危机的核心（如果对人群中很少一部分异常聪明的自学者投入大量技术支持，甚至可以说技术会进一步扩大学生之间由于学习能力不同而产生的"学习差距"）。我最近的研究表明，学习中存在困难的学生（在传统的小学和中学无法达到"熟练"水平的学生）参加在线教育后，其中超过90%的学生并没有从中获得正向回报。他们大多在没有获得证书的情况下就结束了课程，且很少能进入需要较高级技能的工作岗位。

我们可以通过帮助在学校学习中有困难的学生解决教育危机，但不应期待技术或互联网成为"灵丹妙药"。更确切地说，我们需要解决一些根本性的问题，比如教师的薪酬结构等。目前教师的薪资结构只会让那些能为学生带来高教育增值、高积极性的教师离学生越来越远。

丹尼尔·卡尼曼 Daniel Kahneman

在我与阿莫斯·特沃斯基（Amos Tversky）于1974年左右开始研究阿莱悖论（Allais paradox）后，我们的注意力很快就被效用理论应用中一个奇特的假设所吸引，而不论在当时还是现在，这一假设都是风险决策领域的主流理论。我们所质疑的假设是由雅各布·伯努利（Jacob Bernoulli）在1738年首次提出的一项著名理论。他提出，在赌局中，人们是通过对可能出现不同结果的期望效用来评估选择的，而人们心中认为的"结果"即赌局结束后的财富状态。根据伯努利的模型，如果一个人有50%的可能性赢得100美元，或者确定能够赢得40美元，那么这个人会依据"我现有的财富""比我现有的财富多100美元"和"比我现有的财富多40美元"这三种效用来评估赌局中的选择。

伯努利在构建这一理论时针对的是体量巨大的金融决策，他的理论在解决商人把一艘装满香料的船从阿姆斯特丹运到圣彼得堡的风险决策问题中得到了很好的诠释。在这个经典的船运案例中，已知损失船只的可能性为5%，商人想要计算出自己能接受的保险费用。很自然地，商人会首先比较自己当前财富的效用和船只沉没后自己剩余财富的效用。此例中，认为"财富状态"等同于"结果"的假设是合理的，但如果不同结果体现在财富上的差别十分微小时，这种假设就显得很牵强。此外，在效用理论的应用中并没有区分高风险和低风险的情况。因此，阿莫斯和我很快就决定提出一种全新的期望理论，将评估的对象定为"收益"和"损失"，并在小额或中等损失的情

景下测试了理论的有效性。哈里·马科维茨（Harry Markowitz）也曾在同样的领域进行过尝试，但我们的探索更为全面彻底。

为什么伯努利的不合理假设能沿用如此长的时间呢？其中一部分原因是被我称为"理论诱导的盲目性"的现象。一般来说，如果一个学者是某一成熟理论的坚定支持者，就很难承认甚至很难去思考该理论存在的严重缺陷。另一部分原因是，如果不使用伯努利假设，而选择其他替代假设，人的选择会很快被导向一些看似不合理的方向。如果人们从收益和损失的角度思考效用，那么特定财富状态的效用将取决于与之相比的参考状态效用。举个例子，如果现在赌局中的两个选择是，有相等的概率获得300万美元或400万美元，以及确定获得350万美元。这种赌局中产生吸引力的一项重要特征就没有体现在效用理论中，那就是当前的财富状态。如果当前的财富为400万美元，那么相比当前的财富是300万美元的情况，选择冒险赌博的吸引力更大。财富状态的价值似乎取决于赌局的结果，会因结果是输还是赢而显得不同。还有其他观察表明，损失的痛苦大于收益的快乐。但这合理吗？这种差异似乎是短视的：一个理性人在作出财务决策时，不应该由近期财富变化的情绪反应所主导。在标准的经济人假设中，理性的行为人是以财富状态作为预期结果，进而作出评估和选择的。

"理性人假设"在使经济学问题变得易于数学化处理方面发挥了重要作用，即使在行为经济学中，也有充分的理由继续使用"理性人假设"。当然，简化

假设仍然适用的情况并不少见。然而，以理查德·塞勒为首的行为经济学家在研究财富变化的短视效用时使用的竞争性假设就十分有趣，且令人耳目一新。以上，至少可以部分地解释我作为一个心理学家，却混迹于与自己不同领域的学者中。

劳伦斯·凯兹 Lawrence Katz

近几十年来，美国境内按收入划分居住区的隔离程度严重加剧，对于有子女的家庭，这点体现得尤为明显。越来越多贫穷儿童生活在贫困的居住区，这一趋势很难不令人担忧，主要原因有两方面：（1）在高度贫困的社区长大的儿童，成年后在经济、健康和教育各方面的表现往往不如同龄人；（2）大都市地区因种族和经济水平差异造成的居住隔离程度较高，相比居住隔离程度较低的地区，向上的代际流动率更低。社会科学的一个核心研究问题是，不同邻里（社区）之间在经济和社会分化方面的巨大差异，在多大程度上与居住地本身存在因果关系（即"邻里效应"），而不是与个人和家庭本身的差异，如与资源、动机和态度有关（即分类或选择效应）。

我（与许多合作者一起）在研究中利用了"搬向机遇"（Moving to Opportunity，简称MTO）这一居所流动试验的数据。这项试验始于20世纪90年代中期，范围遍及美国五个大城市，其结果能很好地说明我们研究的问题。MTO向随机挑选的家庭提供儿童住房券和援助，帮助他们从高度贫困的居住区搬到贫困水平较低的社区，并对实验参与者进行了将近20年的跟踪研究。我们在研究中发现，MTO帮助家庭搬迁到低贫困地区后，极大地改善了父母的健康状况，提升了幸福感；而搬迁事件如果发生在儿童的青春期之前，也会显著地改善这类家庭中的儿童长大成人后的长期生活状况（个人收入、家庭收入和大学入学率）。哈吉·柴提和纳撒尼尔·亨德伦（Nathaniel Hendren）最近进行了一项补充性的准实验研究，研究了美国数百万儿童的迁移情况，他们有了类似的发现，即儿童若长期接触高度贫困、缺乏机会的环境，会对其成人后的经济状况产生不利影响。

因此，我从MTO和相关研究的新证据得出结论：制定政策减少美国住宅经济隔离，帮助更多低收入家庭搬到机会更大的社区，可以大幅改善未来贫困儿童向上代际流动的前景。我目前正投入一个名为"创造机会"（Creating Moves）的项目，这一项目通过开展更多随机实地实验，来测试为低收入家庭住房援助和住房补贴券提供资金支持的更有效的方法，帮助有子女的低收入家庭迁往对儿童长远发展更有前景的地区。我正在进行的研究也包括检验一系列地区政策的效果，这些政策通过资金投入和创造更多的机会，帮助贫困社区的个人实现向上流动。

默文·金 Mervyn King

金融危机有一个奇怪的特征：各国似乎只有在本国经历过危机之后才能吸取教训。因此，也许一场席卷全球的金融危机的裨益就在于，各国终于可以一起学习经验了！

自2007年—2008年银行业和金融体系崩溃以来，各方在降低金融体系的脆弱性方面已经做了很多努力。但这个体系仍非无懈可击。我们看到，尤其是在2008年秋季，由于人们不再相信银行资产负债表上许多资产的立即变现价值，银行体系出现了挤兑现象，而造成挤兑的力量中，最迫切的就是其他金融机构。历史上散户挤兑银行的例子很多，但直到2008年，专业机构或"批发商"（wholesale）投资者挤兑银行的事件都很少发生。

银行体系的脆弱性源于其"短借长贷"的经营模式。债权人有权决定收回自己的存款，或不再继续提供短期融资，但银行无法要求自己的信贷客户返还贷款，这些贷款可能是长期抵押贷款，或是对工厂和其他非流动资产的资本投资。长期来看，这种期限转换和风险转换的操作似乎对经济有一定的价值，但这类操作就是我在《金融炼金术的终结》（*The End of Alchemy*）一书中所说的"炼金术"[1]的一部分。

但是，在消除银行挤兑风险的同时，能否保留银行传统经营模式的优势呢？我曾在自己的书中提出这样一个方案：银行需在正常时期购买强制性保险，才能在危机时期获得从央行贷款的资格。正如司机在被允许上路之前必须购买第三方保险一样，银行也应该在开展"炼金术"事业前被强制要求购买这类保险。实际上，央行会担任一个典当行的角色——银行把部分资产留给央行，作为在危机中向其借贷的担保。我把这个方案称为"全天候典当行"（pawnbroker for all seasons）。

如果能强制银行在正常情况下购买这种保险，我们纳税人就不会再面临在危机中以低利率向风险资产提供巨额贷款的风险。随着"全天候典当行"方案的实现，银行业也会迎来一个新的时代。

---

1 根据默文·金在书中的说法，炼金术是指银行把短期、低风险的存款转化为长期、高风险的贷款，一方面创造企业和个人所需要的现金，另一方面赚取上述转换过程中的利差。——译者注

雅诺什·科尔奈 János Kornai

世界上的大部分人是幸运的，因为他们生活在民主国家。然而，即便一个国家在某个历史阶段由民主政权执政，也并不能代表这个国家会一直保持民主形态。从国家脆弱性的角度来看，我们应该将民主国家再细分为"弱势民主"和"强势民主"两类。

弱势民主国家没有与民主相关的悠久历史，民主思想发展的时间不足，尚未在人们心中和社会规范中生根发芽、开枝散叶。并且，能够捍卫民主的制度体系也不够稳定。在弱势民主社会，历史上和近现代均发生过许多暴力政权破坏民主体系，随即控制整个国家的悲剧性事例，而触发这类政权变革的因素是多方面的。

第一次世界大战后，魏玛共和国时期的德国曾是民主国家的典范，而新的民主秩序还没有足够的时间来展现自身的优越性，便遭遇了希特勒和国家社会党的攻击。希特勒的民粹主义煽动了相当一部分人的情绪，利用了他们作为战败国民的屈辱、因失业而造成的绝望，以及对通货膨胀可怕后果的愤怒等情绪。人们对不平等问题的愤慨在此时也起到了重要作用，并非因为问题本身，而是由于这一问题与人民反抗脆弱民主体系的其他理由恰好一致。

在强势民主国家中，事件的发生顺序就不同了，不平等与民主之间的相互作用也存在区别。在民主思想根深蒂固的国家，民主与不平等状况得以共存的主要原因是，遭受不平等对待的人能够在政治舞台上表达自己的利益主张，他们或早或晚一定会推进变革。一些在国家治理和经济治理方面富有远见的人意识到，如果不改革，民主就会受到威胁。不仅少数领导人明白这一点，实现改革还需要通过民主方式获得足够的议员支持。20世纪的美国和英国就是两个明显的例子：当民众的不满情绪累积接近爆发点时，政府均采取了重要的预防措施。例如，20世纪30年代的罗斯福"新政"（New Deal），40年代的贝弗里奇计划（Beveridge Plan），以及60年代约翰逊的"伟大社会"（Great Society）改革。

在特朗普身上，我们看到了一个朝着真正"独裁者"方向发展的总统。其"美国至上"（America first）的民族主义口号引发了支持者的共鸣。至少在一段时期内，一部分因全球化而失业的人群支持他的立场。我无法预测未来几年美国国内事务将如何发展，但是我相信，美国的民主有足够的力量进行自我保护。

在强大的民主国家，无论不平等现象多么严重，它本身都不会成为暴政取代完善民主制度的有力因素。

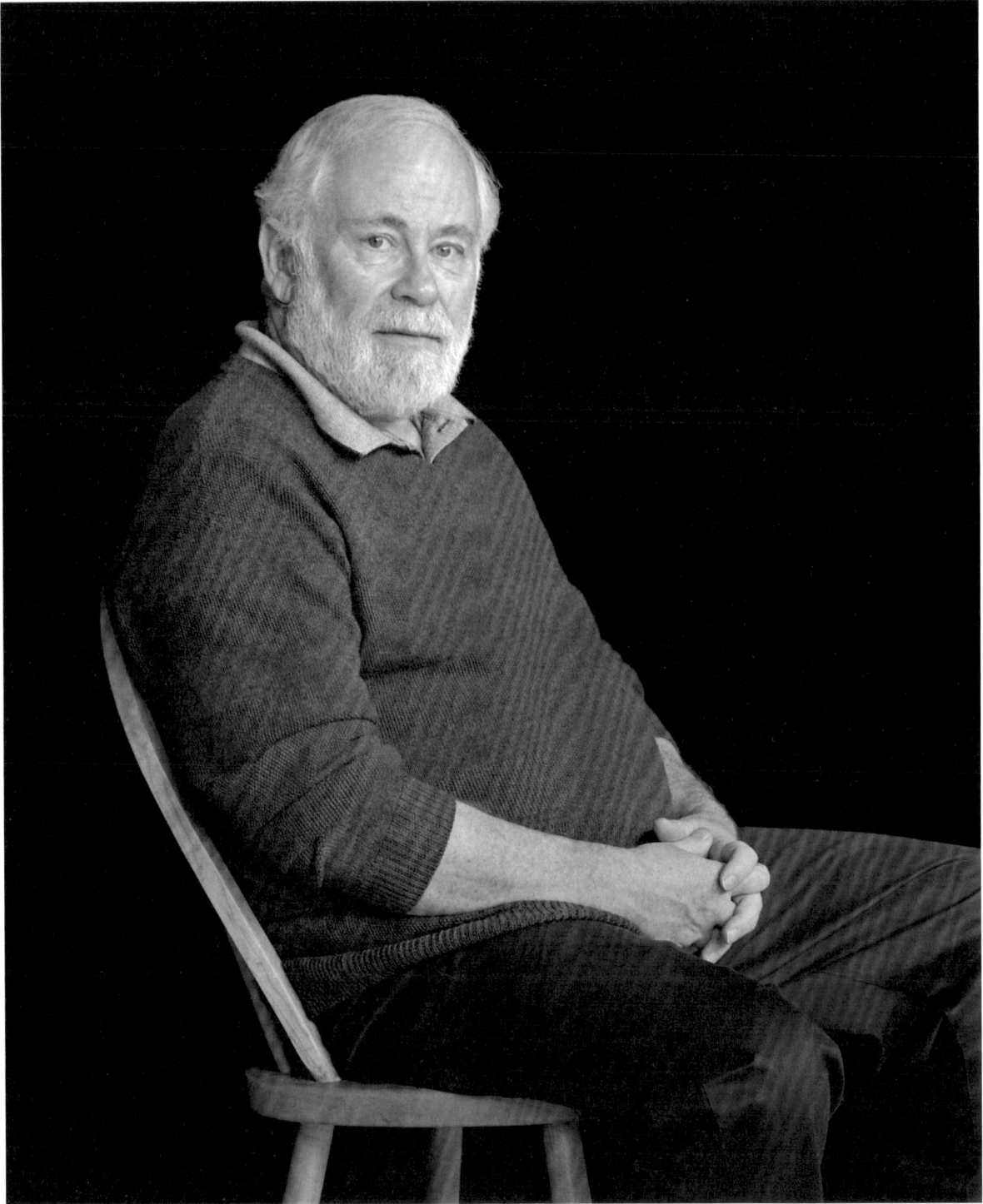

戴维·克雷普斯 David Kreps

在《经济学家的游戏》（*Games Economists Play: A Noncooperative View*）一文中，富兰克林·费舍尔（Franklin Fisher）对理论的泛化和例证进行了区分。对理论进行泛化的目的是，在满足某些宽泛的条件时，我们可以确定一定会发生什么；对理论的例证说明则是基于一系列更狭义且具体的假设，来描述可能发生的事件。通过理论例证，我们能够呈现一些可能的结果。这些结果均通过了基本的检验，在逻辑上存在发生的可能性，但只有在非常特殊的前提条件下，这些事件才有可能发生。

我（和多个同事）在可信威胁方面的研究工作就是对理论的例证。研究问题是，如果"已知"先行为方承诺的未来行动不符合其自身利益，那么先行为方于后行为方承诺的可信度如何呢？

先行为方的承诺可能是一些符合后行为方利益的事情，目的是诱导后行为方现在采取某些行动；也可能是一种"威胁"，即要做不符合后行为方利益的事情，目的通常是诱使后行为方放弃某些行动。

从历史上看，信誉是通过条件的变化而培养起来的，所以履行承诺就成了符合先行为方最佳利益的做法。例如，一支军队的将领在面对另一支或许更强大的部队时，会烧掉桥梁这一重要的交通通道，因此，不撤退的承诺就变得可信了。这样既能使敌人相信他背水一战的决心，又能使自己的部队在绝望中感受到一些支持的力量。

我的研究探索了声誉的潜在作用。假设履行承诺在短期内对先行为方来说成本很高，但从长期来看，不履行承诺会损害先行为方的声誉，而这种声誉是具有价值的，因为它是可信度的体现。那么，尽管短期成本很高，但遵守承诺也许能够建立良好的信誉，因此也值得一做。这是一个循环的逻辑，但演绎过程十分合理——声誉之所以有价值是因为它提供了可信度，而声誉之所以能提供可信度是因为它有价值。特别在于，声誉因素的加入，为先行为方的行动制造了不确定性。一言以蔽之，后行为方会担心先行为方是一个"疯子型"的人，即完全不在乎短期利益，而会出于对"原则"的坚持履行自己提出的所有承诺或威胁。而先行为方即使不是疯子，也会像疯子一样行事，以营造不确定性让对方信以为真；后行为方明白先行为方想以这种方式行事，因此也会作出相应的反应。

经济学中有关声誉的理论启发了很多人的思考。但由于思考过于发散，因此更难预测与声誉有关的事件进展。这一理论目前最多为历史学家所用，方便其在事件尘埃落定后，以理论作为工具来解释历史上究竟发生了什么，以及为什么会这样。

您对于博弈论中可信和不可信威胁的研究，具有哪些启发呢？

艾伦·克鲁格 Alan Krueger

传统观念认为，提高最低工资必然导致就业率降低。当我在 20 世纪 90 年代初开始研究最低工资问题时，并没有挑战这一观念的想法。1994 年，我和戴维·卡德在《美国经济评论》（*American Economic Review*）上发表了一篇研究论文，比较了在新泽西州提高最低工资标准前后，新泽西州和宾夕法尼亚州快餐店的就业增长情况。我们在设计研究的时候本以为论文的结果可以证明上述传统观念，然而令我惊讶的是，在新泽西州提高最低工资标准后，该州的就业增长情况至少和宾夕法尼亚州一样强劲。卡德和我没有成为捍卫传统理论的白衣骑士，反而在一些坚持新古典主义劳动力市场模型的圈子里被弃如敝履。

但新泽西州 – 宾夕法尼亚州的研究发现并不是一个孤立的异常现象。我和卡德在对其他州和整个美国进行研究时，也得出了类似的结论。我们还发现了很多其他现象，均与最低工资标准的"正统"经济观念并不一致。例如，在提高最低工资标准后，许多雇主会给收入已经高于新的最低工资标准的工人加薪。根据原子论的新古典主义劳动力市场模型，这种现象是不应该出现的，但它们的存在凸显了公平性和工人的精神面貌在劳动力市场中的重要作用。我和戴维·卡德在 1995 年合著的《迷思与计量：最低工资的新经济学》（*Myth and Measurement: The New Economics of the Minimum Wage*）一书中对这些现象和其他发现进行了阐述。书中指出，这些现象与强调动态摩擦和市场"不完善性"的劳动力市场模式是一致的，也是这种模式创造了垄断力量。此书面世以后，我们便暂时从这一研究课题中抽身出来，放由其他学者评估我们的发现并进行新的研究。

尽管其他学者的研究并非完全一致，但大多数后续研究都发现，最低工资的提高对就业没有明显的影响。例如，保罗·沃尔夫森（Paul Wolfson）和戴尔·贝尔曼（Dale Belman）对 2000 年至 2013 年期间发表的 23 项独立研究进行了综合性的元分析，通过分析 400 多个最低工资对就业影响的估计值，得出了同样的结论。近期发表的一些优质研究也以我们对新泽西州 – 宾夕法尼亚州的研究为基础，通过对不同州下辖的县级区划进行清晰的比较，探讨州最低工资对就业的影响。

那么，在不影响就业的前提下，最低工资最高能提高到多少呢？根据目前的研究，这是一个很难回答的问题，由于政治需要，最低工资通常会被限制在一个狭窄的范围内。此外，在大多数情况下，从雇主的角度来看，提高最低工资可能会产生抵消作用：一些雇主可能会减少雇佣人数，但其他雇主则能够借此填补这类空缺并增加就业岗位。也就是说，只要最低工资保持在适度的范围内，总就业率的净终值就几乎不会产生任何变化。我可以放心地预测，如果将最低工资提高到历史上曾出现过的水平，那么这一举措对就业产生的影响是微不足道的，但如果最低工资增幅超过历史水平，我很难推断出会产生怎样的后果。

鉴于过去数年间积累的证据，保罗·克鲁格曼写道："一场知识革命改变了我们对工资决定的理解。

这里用'革命'一词并没有夸大其词，关于政府改变最低工资影响的一系列卓越的研究，具有革命性意义。"同样重要的是，劳动经济学家用来研究工资、就业和其他与工作相关方面的实证方法论也出现了革命性的变化，这种转变很大程度上也始于过去25年间[1]对最低工资的研究。我希望在下一个25年，能有研究精准地确定最低工资的进一步提高导致就业率下降的转折点。

1　指1994—2019年。——编者注

史蒂芬·莱维特 Steven Levitt

如果有一件事是所有经济学家都同意的，那就是价格是十分重要的。在过去的50年里，计算数据所需的价格已经降到过去的大约十亿分之一。当一种商品的价格下降时，人们对它的需求就会上升。这也正是经济学领域中出现的情况。

经济学学术领域大致可以分为两大类：理论经济学和实证经济学。理论经济学利用逻辑和数学模型，从一系列假设中得出结论。你曾经有所耳闻的、出生于1950年以前的经济学家大多是理论经济学家。实证经济学的工作则是将经济理论的预测与数据相结合，从而对现实世界的现象作出估计。在过去，实证研究的计算成本实在是太高了，所以经济学家大多专攻理论。随着实证研究变得越来越"便宜"，经济学家也渐渐从理论转向与数据相关的研究工作了（与经济理论所预测的一致！）。

这种转变对经济学领域的影响是巨大的。由于早前的经济学家极少从事实证研究，所以刚刚过去的几十年是实证经济学家的丰收期。这一代经济学家花费了大量的时间，在数据中挖掘"基本真理"。同时，实证研究工作需求的增加，也推动了用于分析数据的技术和工具的爆炸式增长（经济学家将这类技术与工具归为"计量经济学"）。然而，现在经济学领域的数据分析正处在一个十字路口。我们已经从标准数据源中挖掘了大部分知识，从数据中"轻松采撷"结果的情况基本上已经不复存在了。这一现实使得研究人员向不同的方向开展研究。

当今的经济学界，刮起了一阵建立日臻完善的实证模型的风潮。这种模型的本质是将经济理论和实证分析更深入地结合在一起，建立经济学家所说的"结构估计"。虽然这是经济学界的新兴风潮，但我个人对此持怀疑态度。不论是理论分析还是实证分析，伟大的经济分析之所以存在隽永之美，原因之一就是其"透明性"——对于一篇伟大的理论论文或实证论文，几乎所有经济学家都能读懂其中的内容。然而，至少到目前为止，经济学家还没有找到一种以"透明的"方式进行结构估计的方法。

在我个人看来，经济学中更有前景的学术方向，是把学者从数据的消费者（这也是我们一直以来的角色）转变为数据的生产者。越来越多的经济学家选择与企业和政府合作设计并实施实验，为检验经济理论创造合适的数据。

经济学领域中另一个具有发展前景的方向，是利用计算技术的进步，将我们过去不认为是数据的东西转化为数据。新的技术进步能将文字转化为数据，使经济学家能够用实证方法，分析客户和呼叫中心之间对话的文字记录，或政治家的言论。还有一些工具可以将卫星图像转化为数据，用来研究城市化和环境退化问题。

截至目前，实证研究最大的局限是研究者缺乏想象力。不得不说，我对学术经济学家在可预见的未来能够创造的理论成就并不乐观。这里面有一个基本的激励机制问题：学术领域奖励的是"困难"的研究，而所谓"困难"，意味着只有少数人能够做好，要么是因为其中的数学问题非常难，要么是编程困难，要

么是想法极其复杂。我认为能给人类带来最大回报的实证研究，是对重要问题进行简单、易懂、深入的分析，但此类研究却被视为"过于简单"，这太讽刺了！因此，作为一个经济学家，如果从事这类"简单的"实证研究，就很难拥有成功的职业生涯。为了应对这些激励因素，经济学家越来越倾向于从事更"难"的实证工作，这些工作的确能获得其他经济学家的欣赏，但并不是十分有用。如何解决这个状况，是经济学家需要开始正视的一个大问题。

安妮·克鲁格 Anne Krueger

"寻租"是指一种使用资源（如劳动力和资本）却不生产额外产品的活动。例如，在某些领域，学生为获得某类工作被迫参加考试或支付多年的培训费用，但其实这类工作已有足够多的合格人员在任，不需要吸收新人员了。这类活动显然存在很大的经济成本（申请人浪费多年的时间和精力），而且没有创造出新的财富，但并不违法。如果一家公司为获得进口许可证而雇用一个"关系人"，并向"关系人"提供资金以贿赂发放许可证的官员，这种行为不仅违反法律，"关系人"投入的精力也会带来经济成本。以上两种活动都涉及寻租。

人们通常会将"高额"寻租和"低额"寻租区分开来：前者是指通过大量的支出和大量的精力耗费，寻求利润丰厚的政府合同和其他大宗交易的行为；后者则是指投入较小的情况，比如为了让邮局邮寄一个包裹而多付一点额外费用。

现在的寻租活动是比过去多还是少呢？这很难说。鉴于一些政府已经有效地打击了低额的寻租行为，因此低额寻租或许是减少了。但"高额"寻租活动可能更加普遍了，这是由于政府在基础设施方面的支出有所增加，而人们也已经掌握了一些更加简单的寻租方式。

与寻租有关的非法活动的数据要么无从寻觅，要么不可靠，个中原因不言而喻。各国的情况可能不尽相同。在许多国家，进口许可证、补贴和租金管制等措施是寻租者获得收益的重要来源。但我们从历史中吸取的教训是，在许多情况下，限制进口许可证的数量和分配，是一种效率低下且经济成本高的做法。因此，各国纷纷选择取消或大幅减少进口配额，这方面的寻租活动可能也会相应减少。

采购条例和监管的存在也可能压缩寻租行为的空间，甚至在某些情况下，高额寻租行为也受到了有效遏制。但寻租现象在其他情形下仍有可能增加。在未来，腐败和其他形式的寻租行为会变得更加频繁吗？高额寻租行为是否会大大减少呢？目前还不清楚这些问题的答案。

保罗·克鲁格曼 Paul Krugman

　　我成长于"二战"后经济繁荣的时期，那是一段真正能让所有人的生活都随时代的发展水涨船高的时期。然而，大概从1980年以来，我们看到高层人士的财富大幅增加，许多普通工人的工资水平却停滞不前，甚至有所下降。这不禁让人产生疑问，这种情况能够扭转吗？我们能不能让好工作重回市场？

　　实际情况可能不会如多数人所愿。过去的高薪制造业工作岗位不会重回市场了，因为整个制造业的良好就业机会已经一去不复返了。事实上，在现代经济中，并不需要很多工业劳动者来生产社会所需的实物商品，就像社会只需要很少的农民就能解决食品问题一样。所以即使美国消除了贸易逆差，制造业也只会雇佣适龄劳动人口中的一小部分。

　　但是，好的工作不一定来自制造业。我们需要用政策确保占我国经济主体的服务行业的普通工作岗位能获得体面的报酬。那么怎样才能实现这一点呢？

　　通过分析现有证据，我认为做到这点可能比大家想象的要容易，至少在经济方面是这样的。我们需要的就是提高工人的谈判能力。这是切实可行的，历史上和当今世界其他国家的例子都可以佐证。

　　那么供求关系呢？提高工人的工资不会造成就业减少吗？你可能会这么想，甚至一些开明的经济学家也承认这种做法可能会引发负面影响，比如把最低工资调整到30美元可能会带来一系列问题。但我们已经有许多实例可以表明，最低工资较小幅度的增长对就业影响很小，甚至不存在。

　　原因可能有两方面。一方面，市场并不完美，雇主往往会限制招聘人数以压低工资；另一方面，劳动者是人，而不是商品，因此员工的精神面貌等因素对企业来说非常重要，企业对这方面的看重程度可能超过简单的时薪问题。

　　对于工资水平更高的工人来说也是同理。如果能够再次构建强大的工会，他们就可以与企业家谈判，达成更好的薪资协议，而几乎不会影响整体的就业情况。关键在于，工资是一种可塑性更强的社会结构，并不是由"无形之手"控制的、不可违抗的。

　　新一代的"好工作"会在哪些行业呢？很多地方都有。医疗保健业已经超过制造业成为美国就业率最高的行业，也将成为中产阶级收入的重要来源。零售业和批发业也可以提供好的工作岗位，但零售店的工作岗位可能会少一些，因为零售服务正在发生变化，但无论如何，亚马逊仓库的工人都不应处于贫困或接近贫困状态。

　　当然，这些都不与保障医疗和其他社会福利的必要性相冲突。

　　归根结底，有着优厚工资水平的经济体其实并不可怕。我们所需的其实是政治意愿。当然，这也恰恰是问题所在。

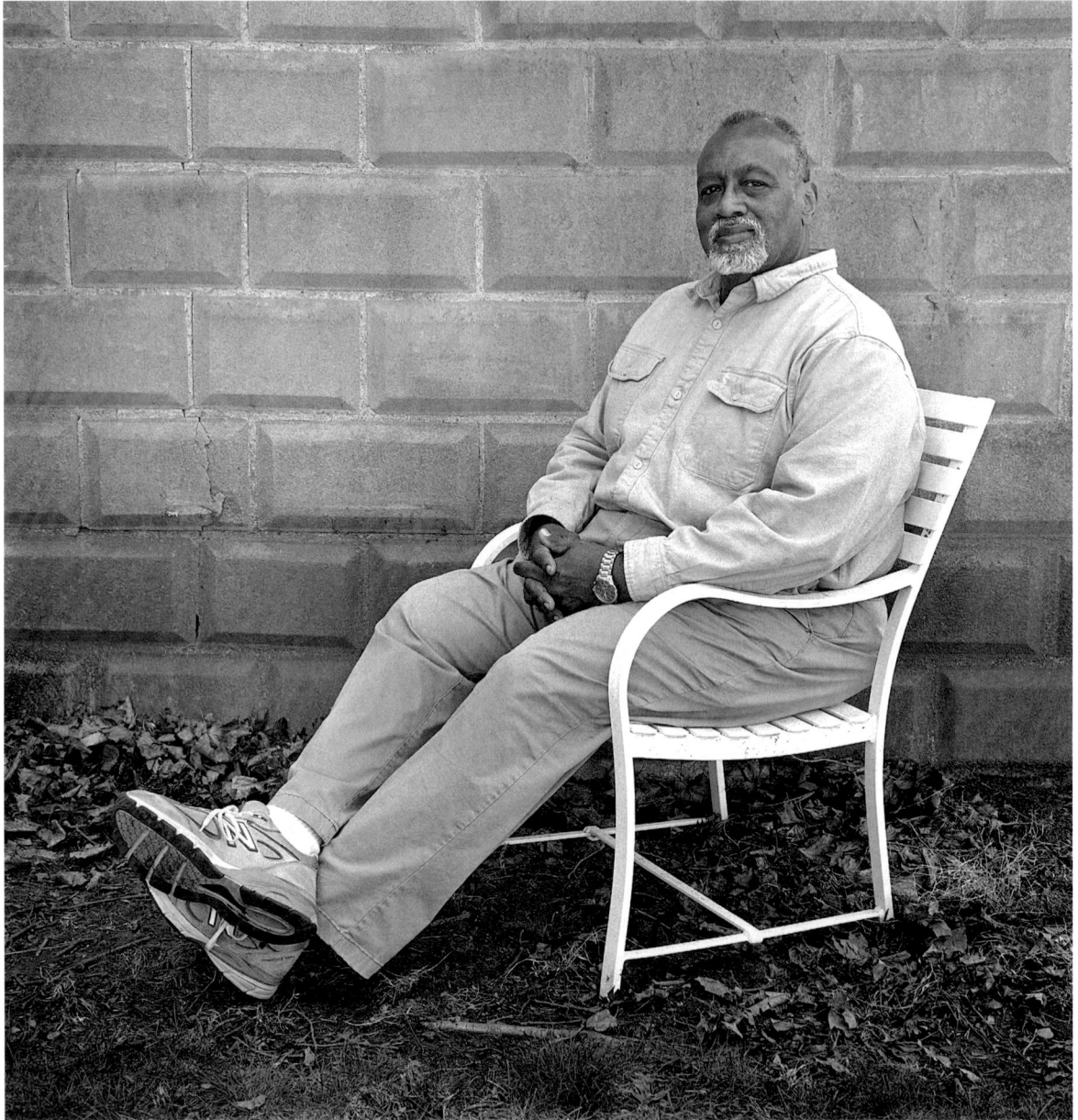

葛伦·劳里 Glenn Loury

在讨论大学录取中有关种族平权行动计划时，必须区分两类问题：原则性的道德问题（此类计划能否与我们的价值观相一致？）和实用性的效率问题（是否能以可接受的成本实现理想目标？）。在对以上问题认真思考多年后，我对第一个问题的回答是"能"，但对第二个问题的回答是"不能"。

美国最高法院一再确认，种族平权行动计划（为了满足在高等教育领域中确保种族多样性这一重大公共利益而专门制定的方案）符合宪法中提出的"平等保护"要求。除此之外，我发现法律学者和社会哲学家也提出了很有说服力的论点。他们认为，在设置招生门槛的高校中，实施针对申请人的种族优惠政策是符合社会正义规范的，甚至有时是社会规范的要求。在此我想进一步说明，最高法院将肯定性行动认定为促进学生种族多样化的"合法"工具，依然只是一种过于狭隘的道德论点，因为这种论点忽视了跨越代际的社会正义问题。种族优惠政策支持者的一个主要论点是，这类政策可以在一定程度上抵消因种族隔离的社会结构而遗留数代的历史种族歧视问题造成的恶劣影响。但我认为，当代黑人青年所拥有的机会，其实很大程度上取决于他们的父母和祖父母获得的机会。因此，在私人团体持续存在种族隔离的情况下，如果要在当前实现种族机会平等，的确可能需要采取平权行动这一类计划。

然而从长远来看，黑人学生在申请进入高校时获得特殊待遇，与在美国种族群体之间真正实现平等这一目标并不一致。如果最终的目标是实现种族平等，那么我认为平权行动计划必须是一项过渡性政策。如果将它作为一种常规的、持续性的做法，就会适得其反。在对以上问题苦苦思考了几十年之后，我才逐渐开始明白，美国黑人凭借较低的客观学术标准才能被精英高校录取这一状况如果继续存在，那么无论我们如何大声疾呼种族歧视的遗留问题，都不会成为真正平等的社会参与者。现在，精英大学的平权行动计划已实施了约50年，美国在这50年间也发生了许多变化。在此期间，我看到其他少数族裔人士在加州理工学院、麻省理工学院和硅谷等地凭借自己的技能率先崛起，而美国黑人却因坚持认为需要黑人群体的存在才能确保"种族多样性和包容性"而逐渐失去竞争力。说白了，社会上存在"伪权力"和"真权力"的区别。"伪权力"是指一个人在不被包容的情况下，能够抗议和提出要求；而"真权力"则源于个人充分掌握手中技术资料的能力。就我个人而言，我更倾向于将美国黑人的地位植根于更长远的"真权力"中。所以，如果要缩小精英高校中的种族差距，我倾向于提高黑人学生的能力，使他们能够发挥自己的优点，在公平的环境中竞争，而不是在平权行动计划的支持下对黑人申请者制定不同的评价标准。

"真权力"是建立真正的种族平等的唯一坚实基础，这种能力植根于人群深层次的发展。就美国黑人群体而言，这种深层次的发展需要面对和克服很多代黑人遭遇种族歧视的可怕影响。它值得我们为之努力，也值得我们为之等待。"伪权力"则掩盖了历史造成的可悲现实，同时为"黑人缺乏竞争性"这一历史遗留问题提供了借口。当然，找借口是一条比较容易选择的路，但归根结底也只是我们一厢情愿的想法罢了。

高校的管理人员为了平息抗议者的声音，会满足其对种族多样性的主张。事实证明，平权行动计划是一条阻力最小的道路，但这并不是美国黑人实现平等的可行之路。开发受歧视弱势群体的潜能的确是一项费时费力的工作，可悲的是，似乎有太多人极力逃避，甚至放弃尝试。

格里高利·曼昆　Gregory Mankiw

在历史长河的某些阶段中，工人将技术进步视为对自己生活水平的威胁。一个著名的例子发生在19世纪初的英国，当时在机器的帮助下，纺织厂可以使用非熟练工并以较低的成本生产纺织品，因此熟练的纺织工纷纷将机器视为对自己工作的极大威胁。失去工作的工人针对新技术自发组织了暴力反抗，他们砸毁了织布机，还放火烧毁了纺织厂老板的家。由于工人声称自己遵循内德·卢德将军（Ned Ludd，可能是一个传说人物，实际并不存在）的命令，因此他们也被称为"卢德派"（Luddites）。卢德派希望政府能够限制机器的广泛应用，从而挽救他们的工作。议会却反其道而行之，派兵镇压了"卢德派"的暴动。今天，"卢德派"一词被用来指代一切反对技术进步的人。

经济发展的历史告诉我们，技术进步往往对工人是有利的。我们在今天能拥有比100年前更高的生活水平，主要是得益于新技术提高了劳动生产力，进而提高了我们的工资水平。当然，技术的进步可能会造成一些工作不复存在，但也通常会降低我们想要的东西的生产成本，为社会提供更多种类的商品和服务，并将我们的时间释放出来，使人们能够去做其他更有价值的工作。就像汽车的发明减少了对铁匠铸造马蹄铁的需求，却增加了对机械师修理汽车的需求。

我相信，机器人的兴起将呈现类似的模式：一些常规的例行工作会变为自动化的，一些工作会不复存在，也还会有现代的"卢德派"人士跳出来反对。但总的来说，生活质量将再次提高，而我们所有人都会从中受益。想想看，银行ATM其实也算是一种机器人，现在哪还有人愿意排队等待人类柜员进行最简单的银行交易呢？而且我们也没有理由惊慌：所有本可以担任银行柜员的劳动者，都在经济体中顺利找到了其他工作。

在两个世纪前，大多数美国人都是农民。而今天，由于农业技术的进步，农民占人口的比例已不及2%。如果我们乘坐时光机回到过去告诉当时的人，现在的社会只需要很少的农民就能生产出我们需要的所有食物，他一定十分好奇人们要如何打发空出来的时间。我们可以告诉他，现代社会已经创造出了各种新工作，比如软件工程师、网站设计师、CAT扫描操作员，等等，但他会很难理解这些工作是做什么的。同样，我认为机器人技术的进步将创造出新的人类工作岗位，但至于这些工作岗位具体是什么，是今天的我们无法想象的。

但假设我是错的。想象一下，在未来，几乎不需要人类的参与，机器人就能生产出我们想要的几乎所有商品和服务（包括新的机器人）。接下来会发生什么呢？在这样的世界里，取决于过去的储蓄和继承的资本所有权的分配，对人们生活水平的影响会更甚于今日。那么我们就需要认真思考社会如何分配财富的问题了。到那时，不平等问题可能会非常严重。

另一方面，得益于机器人带来的惊人生产力，我们可能已经在很大程度上解决了基本的经济问题——稀缺性。也许到那时，我们不需要再辛勤劳作，经济体就能够提供几乎所有我们想要的东西。然后我们就

您觉得在您下一代的有生之年，机器人是否有可能在许多工作方面超越人类，从而让人类劳动几乎变成多余的？即使这种可能性非常小，但如果真的发生的话，将会带来什么样的后果呢？

将面临第一世界的终极问题：如何打发时间。我们可以花时间阅读伟大的文学作品，在海滩上散步，可以享受朋友的陪伴，还可以教导我们的子孙后代。从本质上讲，人类从出生开始就可以享受舒适的退休生活了。在这种畅想的生活中，可能会出现新的挑战，但这些问题一定算不上"糟糕"。

罗伯特·卢卡斯　Robert Lucas

　　从19世纪上半叶的某个时期开始，英国和美国的平均实际收入以每年1%~2%的速度增长，并且一直持续到现在。2%的年增长率意味着实际收入每100年会翻6倍。在18世纪及更早的年代，社会上存在一些非常富有的人群，他们大部分是土地所有者。与此同时，也存在大量的无土地劳动者及其父母和子女，这些无产人群约占人口总数的90%，大都一成不变地生活在温饱水平线上。

　　经过了几十年，许多国家的民众已经达到英国和美国的收入水平，但仍有其他国家的民众，其收入水平与他们祖辈接近温饱的水平相差无几。此外，除了与土地拥有者之间存在收入差距，劳动者内部的实际收入也出现了巨大的差异。

　　是什么导致了这些变化呢？为什么在古希腊、奥斯曼帝国或莎士比亚时代的英国没有出现这些变化？为什么非洲和南亚的国家发展得如此缓慢呢？那些拥有绿卡的人无论来自哪里，都能在一代移民的时间里融入美国生活，他们为什么不留在自己出生的国家呢？这些都是我们期望经济学家回答的问题，事实上，在我们认识到答案并不存在于种族和文化差异时，就已经有了长足的进步。

　　大卫·休谟、亚当·斯密和大卫·李嘉图是现代经济学的开创者。在19世纪初，他们就已经研究出了整个经济体供求平衡的大部分逻辑。斯密发现并分析出促成某些社会较高生产力水平的具体因素，但是，无论是斯密本人还是与他同时代的任何学者都没有见过，甚至从来没有想象过一个经济体的生产力能够持续增长数十年。但是，李嘉图和斯密遵循了托马斯·马尔萨斯的知名理论，即无产人群会选择生育更多孩子，直至其达到温饱水平。当前不断膨胀的人口以及劳动人民持续不变的收入水平，恰好与马尔萨斯的理论相符。

　　马克思和恩格斯在1848年的《共产党宣言》中呈现了比李嘉图更多的实证，他们也很好地利用了这些实证。但和李嘉图一样，他们也认为劳动人民生活出现的任何改善都会很快被人口增长抵消。但我们现在知道，这种情况并没有发生。为什么没有发生呢？我想，这个问题的答案可能也存在于《共产党宣言》中，就隐藏在那段令人振奋的激昂文字里："资产阶级使农村屈服于城市的统治。它创立了巨大的城市，使城市人口相对于农村人口大大增加，因而使很大一部分居民脱离了农村生活的愚昧状态。"从农村走向城市的人口，可以从事农业劳动以外的各种工作，还有可能上学（如果不是他们自己，也可能是他们的孩子）。而这种择校上学的成本，将会由每个孩子分担。加里·贝克尔（Gary Becker）称这是在孩子的"质量"和"数量"之间的取舍。

　　在任何情况下，大多数经济体走向成功都始于生产力和人口的增加，紧接着则是生产力的持续和人口的下降。这是因为在人们从农村向城市迁移的过程中，其个人选择从想要"更多的"孩子，逐渐变成期待拥有"更好的"孩子了吗？也许很难确定答案，但这就是理论经济学家要研究的内容。

詹姆斯·马奇 James March

大多数与个人审慎型决策有关的现代观念（或者说理论）都强调一个基本理念，即个人的行动"应该且的确"是以对未来结果的功利主义期待为导向的。至少从古希腊人开始，这个理念在许多文献中就有所体现，当代经济学的许多内容也都建立在这种结果性逻辑（logic of consequences）的精练版本上。此外，政治学和心理学中很大一部分内容也以这一观念为核心。个体被假定为"理性的"，也就是说人们会预期自身行为产生结果的主观价值，并向价值最大化的方向行事。

许多传统的组织理论也是如此，假定组织的选择是为了最大程度地实现预期结果。这类理论还假设决策是由组织内最高级别的管理者制定的，或者是组织通过共同的价值观、信息以及等级服从制度来决定，这样一来，组织的决策与个体行为就十分类似了。

然而，现代组织理论反映了对决策过程的经验性观察，并通过这些观察给出了七个重要的阐述，共同描绘了一幅不同的图景。

第一，这些观察表明，世界和欲望均存在不确定性和模糊性。对可能出现的结果产生的信念和明确表示的偏好都是不完整、不准确、不一致且在变化的，而理性会受到这些局限性的约束。

第二，组织理论认识到，组织不是单一的行为体，而是多个具有不同目标和理解的个人及团体的集合。这里便存在冲突，存在合情合理的互不信任的问题，也存在代理、协调和执行的问题。冲突的解决涉及各种形式的商谈、缔结契约和行使权力的举动，每项举动都有其自身的逻辑。

第三，组织行动的理论强调了注意力的复杂性。注意力是稀缺的，注意力的稀缺性决定了只有一部分选择和后果会被纳入考虑，也只有一部分价值会被激活。因此，一些关于组织决策的理论更应该被归为注意力的理论，而不是选择的理论。

第四，组织理论倾向于认为个人的基本选择不是基于结果性逻辑，而是基于适当性逻辑（logic of appropriateness）。这种理论将组织行为者描绘成这样一个角色：其行动是为履行自身身份的义务，这些义务有时是模糊的或相互冲突的。所以适当性逻辑就像结果性逻辑一样，只是一个行动的框架，但它又是一个具有不同意义的框架。

第五，研究组织理论的学生可能会把各种组织的行动看作是在传播网络中通过模仿而联系起来的，各个组织之间会互相传播前提和行动方针，而决策是通过模仿类似组织的行动作出的。这一个过程的重点在于一个组织观察和模仿另一个组织的能力。

第六，组织行为研究者认为决策是象征性的，决策者在组织内外赋予决策的象征意义，远比实质性结果重要。决策象征着"谁"和"什么"是重要的，对这些问题的关注和围绕其产生的冲突决定了决策过程的进程和结果。

第七，现代组织理论认为决策的主要前提（如行为者秉持的价值观和后果预期）不是完全由某种外部过程强加的，而是决策过程本身的部分内生因素。个体和组织想要什么，世界提供什么，并不完全是事先给出的，而是在作出选择的过程中发展的。

尽管组织理论的这一性质并没有博得当代逻辑实证主义捍卫者的欢心，但是这些观察结果使得组织理论在作为理解或解释历史的工具时，通常比作为历史的预测工具更有力量。例如，尽管这些理论总体上未能精确地预测高管薪酬等现象，但它们至少确定了七个因素，并对实际观察到的情况作出了一些合理的解释。

埃里克·马斯金 Eric Maskin

我职业生涯的大部分时间都在研究机制设计，也就是集体决策中的"逆向工程"理论。这一理论告诉我们，一群人从某个最终目标（比如，将当地的空气污染减少某个百分比）出发，反向推出什么样的制度或"机制"能够最好地实现这一目标（比如，对污染企业征税、为清洁技术提供补贴，或直接禁止某些工厂的生产活动，这三者如何组合能够以最少的干扰达到减少污染的目的）。

想要构建一种优秀的、真正反映民众喜好的投票制度，一定会涉及机制设计的工作。其实，我们可以将机制设计看作通用理论的一种特定应用。但这种联系并不是促使我开始研究票选制度的原因。确切地说，这一切始于我当年答应为朋友阿马蒂亚·森的纪念论文集贡献一篇文章，不得不找一些东西来写。为了寻找灵感，我求助于阿马蒂亚·森在20世纪60年代在投票方面的研究工作。

简单多数表决制是美国最常用的投票制度，其具体规则非常简单：每个选民投票支持一个候选人，获得支持票数最多的候选人获胜。但很可惜，这一原则存在严重的缺陷。试举一例说明：设想目前有三个候选人A、B、C竞选一个公职，而选民也可以分成三组：40%的选民（"A的支持者"）最喜欢A，最不喜欢B，对C的喜好介于两者之间；35%的选民（"B的支持者"）的偏好正好相反；剩下的25%的选民（"C的支持者"）则将C排在最前面，然后是B，最后是A。在简单多数表决制之下，每组选民都会把票投给自己最支持的候选人。这意味着候选人A将赢得选举

（得票率为40%）。然而，请注意，所有B和C的支持者，也就是共计60%的选民，实际上更倾向于选择C而不是A（也更倾向于B而非A）。这样看来，A的获选似乎是一个错误且不民主的结果。A胜出的原因是因为不支持A的选票（尽管数量占多数）被B和C二者分掉了。

选票分散是指因为反对的选票被分散到不同候选人身上，最终导致选错候选人的情况。那么，通过用其他投票制度取代简单多数表决制，我们是否一定能避免此类问题呢？遗憾的是，答案是否定的。肯尼斯·阿罗在1951年提出，没有任何一个合理的选举制度能始终规避选票分散的问题。但这并不意味着我们不能对简单多数表决制作出改进。事实上，在阿罗提出这一论断的近两百年前，马奎斯·孔多塞（Marquis de Condorcet）就提出了一种替代性制度，即"多数原则"，作出了相当大的改进。

根据多数原则，选民不仅可以投票支持最喜欢的候选人，还能提交自己的完整喜好排名。因此，在上面的例子中，A的支持者会先将A排在第一位，然后是C，最后是B。根据提交的排名信息，获胜者将是多数人更喜欢的候选人（"多数原则"术语的名称即由此而来）。在本例中，候选人C将会成为多数原则的获胜者。因为有60%的选民（B和C的支持者）倾向于C而不是A，也有65%的选民（A和C的支持者）倾向于C而不是B。

孔多塞清楚地知道多数原则并不能一直规避选票分散的问题，但完整的分析直到1969年才面世。那

一年，阿马蒂亚·森和普拉桑塔·帕坦尼克（Prasanta Pattanaik）明确呈现了多数原则在什么情况下能避免分票问题，在什么情况下不能。他们的论文就是我思考的起点。具体来说，在阿马蒂亚·森的纪念论文集和我与帕萨·达斯古达合著的一篇更具一般性的论文中，我提到，在某种意义上，多数原则票选制实际上是最好的投票制度——它比任何其他制度都更能规避选票分散问题。

在实际应用中，简单多数表决制屡屡选出"错误的"候选人，如2000年当选的乔治·W.布什（当时拉尔夫·纳德从艾伯特·戈尔手中分走了部分选票）和2016年当选的唐纳德·特朗普（当时选票分散严重，导致任何主流共和党候选人都无法成功当选）。

我们或许可以带着这样一种希望看待票选制度：多数原则的时代已经到来，不仅在理论研究上是这样，在实践中更是如此。

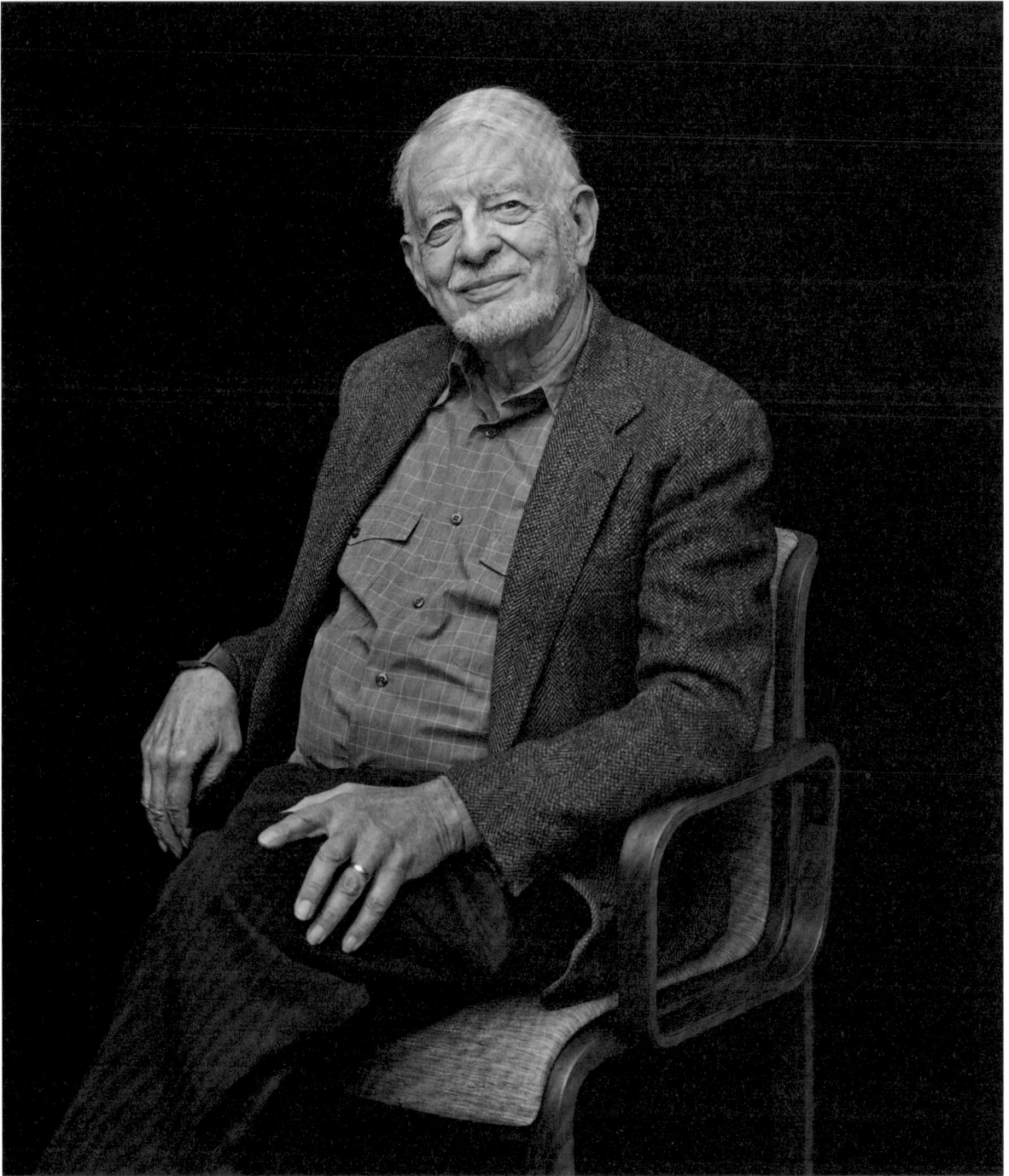

丹尼尔·麦克法登 Daniel McFadden

是的！当然有很大帮助。但问题是，应该拿联邦医疗保险与什么比较。我认为，在1965年采用联邦医疗保险制度之前，美国医疗保健的资金来源以及医疗保健服务的提供主要依赖私人系统，或现在针对非老年人的医疗混合系统。在联邦医疗保险出台之前，富人往往参保了私人保险，或有能力自付一切医疗费用，而穷人往往没有保险，费用问题成为他们寻求及时医疗服务时面临的障碍。重大的健康问题会使病人和他们的家庭陷入困境。医疗保险通过减少财务风险减轻了人们的压力和绝望情绪，反过来这也对健康有利，对于贫穷的老年人来说尤其如此。联邦医疗保险覆盖人口的经济状况揭示了这种财产风险保障的重要性：2016年，25%的参保者的收入低于联邦贫困线12 070美元，储蓄低于14 550美元，房屋资产低于7 350美元。很明显，这些老年人没有能力支付大额医疗费用。在一个没有联邦医疗保险的世界里，这些人是否能够拥有类似私人保险的替代品呢？答案是，在1965年之前，市面上基本上没有这类保险；即便有，收取的保险费对这个社会经济阶层的人来说也是无法承受的。此外，几乎可以肯定的是，这些贫困老人与同时代其他年龄段的人一样，不愿意自费购买健康保险，即使这类保险在经济层面是很划算的。这反映了一种普遍的行为倾向，即忽视或低估未来的风险，并期望如果坏事真的发生，有人或制度能够解决问题。

一个更复杂的问题是，联邦医疗保险如何影响为社会各经济阶层提供的医疗保健服务。联邦医疗保险的主要性质是一种保险计划，而不是一个提供医疗服务的指令，但它的覆盖规则和对医疗服务提供者的报销率，影响了医疗服务的可用性和实际应用情况。联邦医疗保险的收入对于贫困老人集中的城市地区的医院和从业人员至关重要。没有收益，许多老人将无法获得所需的服务。美国的医疗保健系统在诊断、监测和治疗慢性病和精神健康状况方面的表现欠佳，对没有保险的人来说更为如此；但在治疗急性病方面却能做到一视同仁，不会受限于病人的保险状况。富人可能会得到更及时的治疗和更多的急性病后续治疗，主要包括姑息性治疗。

"财富—健康"梯度，即富人的健康问题更少、寿命更长，是一个跨越了时代和健康服务系统的现象。这种梯度与儿童营养和疾病、行为、环境以及健康人工作和积累资本的能力有关。在美国，这种梯度随着年龄的增长而增加，所以当美国人到了65岁，健康问题在社会经济地位低的人中更常见。其他发达国家也存在"财富—健康"梯度，但有了几乎全面普及的医疗保险和更强大的社会安全网后，穷人的健康问题就没有那么严重，梯度的差别也没有那么大。如果只关注65岁及以上人口的健康状况，联邦医疗保险覆盖人口的预期寿命与其他发达国家同年龄段的人大致相同。此外，65岁及以上人口的新发健康问题的发生率及其治疗结果显示，在危及生命的疾病（包括癌症）方面不存在社会经济梯度，在不危及生命的医疗问题方面存在一定的梯度，但在精神健康问题方面却呈现持续陡峭的梯度。这种模式与医疗保险的覆盖水平相吻合——对危及生命的疾病治疗表现最佳，对精神疾病的治疗表现最差。同时，这些比较提供了明确的证据，证明与自愿的私人健康保险系统相比，联邦医疗保险为社会经济地位低的老年人带来的健康益处更大。此外，保险的覆盖水平也很重要，联邦医疗保险在其覆盖范围最小的健康问题上，表现出的影响力最低。总之，医疗保险能够通过改善低经济地位参保者的健康状况来缩小"财富—健康"梯度，同时也能为富人提供可与私人系统中提供的医疗服务相媲美的护理。

罗伯特·莫顿 Robert Merton

20世纪70年代，美国经济经历了多种冲击，大大增加了不确定性和波动性。其中包括布雷顿森林体系的崩溃、两次石油危机、股市下跌50%，以及美国百余年来未见的两位数通货膨胀水平。与宏观经济理论预测的相反，这种通货膨胀还伴随着高失业率，而两者的组合阻碍了传统货币政策和财政补救措施的运用。由于银行可以支付的存款利率存在上限，长期和短期的美国国债利率也都达到了两位数水平。此外，无论借款人信用等级如何或愿意支付多高的利率，银行都没有资金可用于房屋抵押贷款。

在这些冲击之后，金融业的创新和变革出现了爆炸性的增长。为有效应对新的、更高水平的风险，衍生品市场应运而生：包含对冲货币、利率和股票所衍生的金融期货，期权交易提供的金融价值保险；此外，股票交易的协议佣金也获得了授权，推动了股市投资的制度化。低成本的指数基金的出现，使机构投资者和个人投资者的分散化能力大大增加，促成了第一个电子股票交易所的建立。货币市场基金、浮动利率和高收益债券扩大了固定收入储蓄。全国性抵押贷款市场的建立和债务证券化为居民住房创造了一个全球性的资金基础，再加上破坏性的银行存款利率上限规定的取消，保证了此后美国的抵押贷款资金不间断的供应。利率互换的创新，永久地消除了银行为满足其存款客户和借款客户的偏好，而承担与利率期限不匹配的风险的需要。因此，20世纪70年代向我们展示了在金融危机中，金融创新产生巨大社会效益的潜力。在美国经济受压期内发展起来的衍生品市场和其他金融创新，随后应用到了世界各地，并在过去40多年里继续提供了大量的社会红利。

对于围绕数字技术驱动的金融创新的未来——"FinTech"（金融科技），特别是非政府数字货币，我确实有很多的担忧。特别是，作为一国法定货币的所谓"法币"实际上具有内在价值，因为它们可以用来支付税款和以法定货币为主的私人债务。非法定货币则没有这种内在价值。任何货币的生存能力都取决于集体信任，而缺乏任何实质性的内在价值是不稳定的主要因素，就像庞氏骗局一样。由于政府对其支付系统的失败负有最终责任，很难想象政府会接受一种本质上不在其控制之下的货币作为法定货币。正如1971年之前禁止美国公民拥有黄金这一规定所显示的，政府有能力有效地禁止持有任何货币替代品。总而言之，唯一成功的数字货币将是政府发行的数字货币。

FinTech在降低金融交易成本和改善清算和结算（包括建立明确的不动产所有权）方面有着巨大的潜在益处，对于发展中国家而言尤为如此。在涉及计算以及数据存储、访问的活动中，金融科技也可能会迅速取得成功，因为这些活动的性能易于验证，而且很少涉及人为判断，因此金融科技可以为这些活动赋予透明度。在"本质上不透明"的金融服务中，如金融咨询和整合型产品解决方案，FinTech可能会面临更大的阻力。提供这类服务和产品的唯一途径建立在"信任"的基础上，信任是一种重要且宝贵的资产，囊括了三个基本要素：可信度、能力和可靠性。2008年至2009年，此类不透明服务的零售消费者失去了

对供应商和监管机构的信任，而在近十年后，人们仍然能感受到这种影响。技术本身并不能替代信任。的确，金融科技通过用"黑盒"技术代替人的工作，提高了时间效率，降低了成本，但在此过程中也增加了不透明性——这种设计背后的动机是什么？技术中嵌入的建议模型质量如何？该模型中运用了哪些数据？无论以何种方式实现，金融科技的发展都会使信任成为未来更加重要和宝贵的资产。

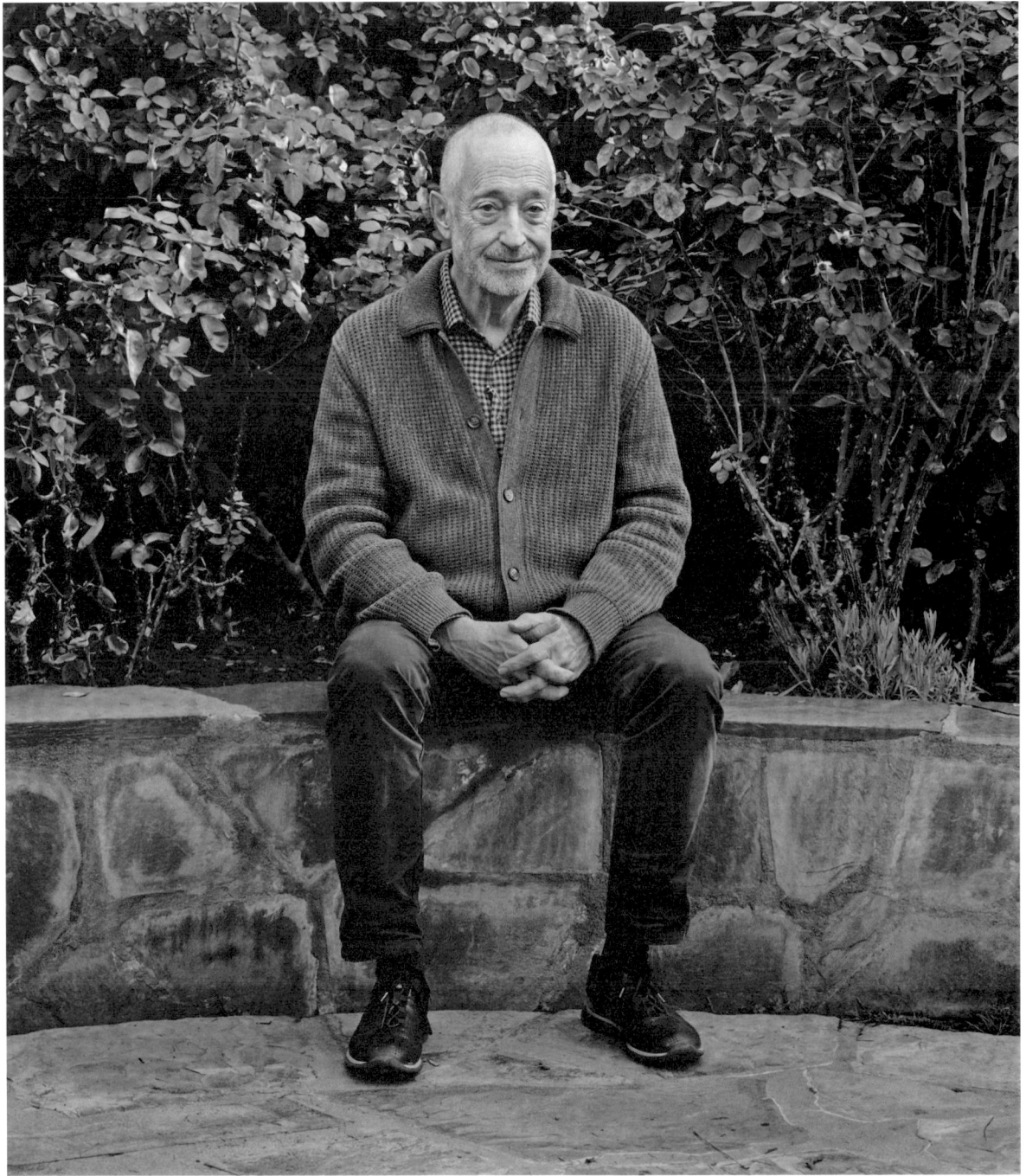

保罗·米尔格罗姆 Paul Milgrom

对于非经济学专业的人来说，想到拍卖时，他们最常想象的是单件稀有物品的销售，如一件艺术品或古董家具。但大部分现代拍卖的设计理念并不关注这些简单的销售，而是侧重于多个相关物品的销售。举个简单的例子，假设你在竞标购买一场体育赛事的门票，你的团体想要同一排的六连座，而其他人想要同一排的四连座。如果这些门票在不同的拍卖会上单独出售，这可能对你们两边都不利。你可能买了两张票，然后发现自己必须非常积极地出价才能赢得另外四张票，你们也可能要被迫接受分散在不同排的座位。如果这样的结果很常见，那么竞标者可能对前几个座位出价更低，或者根本不愿意参与，这对卖家也是不利的。过于简单的拍卖过程对买家和卖家都没有什么好处。

拍卖理论是解决此类问题的经济学分支：它研究如何设计拍卖能够实现理想的结果，其中甚至要考虑到竞标者的战略行为。这一理论对于互联网有重要的应用价值。每当用户在网络上浏览一个新网页时，搜索引擎或广告商就会进行一次自动拍卖，决定显示哪些广告，以及如何在网页上安排这些广告。类比门票拍卖，一些广告商可能希望只显示大型广告，或者愿意为这样的广告提供更多报酬。精心设计的拍卖对这个行业的盈利能力至关重要：2017年，广告商和搜索引擎获得的数字广告收入超过2 000亿美元，其中大部分收入是经过拍卖流程获得的。在如此高的利益驱动下，各类公司一直在努力解决如何为在线数字广告设计有效的、有利可图的拍卖规则。

虽然我个人从事过许多行业的拍卖设计，但最让我心潮澎湃的项目是美国无线电频段使用权转让的拍卖。这次"激励性拍卖"完成于2017年，它解决了历史上最复杂的拍卖问题。由我领导的经济学家和计算机科学家团队设计并实施了激励性拍卖，帮助美国政府重新分配了电视广播权，为电话和有线电视公司释放了频段。一些特殊的调整使得这场激励性拍卖异常复杂。第一，在分配新的频段时需要避免电视台之间的广播干扰，这就涉及检查超过100万个不受干扰的约束条件。由于存在这些约束条件，确定一种分配是否可行就成了一个计算上的难题，需要我的团队对计算算法进行创新，才能真正实施拍卖。第二，出售移动宽带许可证的收入需要覆盖收购电视台的成本。因此，可以从电视广播重新分配到移动宽带的频道数量将取决于拍卖中的出价。总的来说，可出售许可的数量不固定，通过购买广播权来获取的频道数量也不固定。第三，尽管拍卖的设计十分复杂，但最终的拍卖规则对于出价者来说要通俗易懂，以便将成本保持在相对较低的水平，谨防战略行为的出现。

尽管存在这些挑战，激励性拍卖还是取得了巨大的成功。美国政府以大约100亿美元的价格从电视台所有者那里购买了权利，指定没有出售的电视台继续在一组较小的频道中进行广播，并以大约200亿美元的总收入出售了释放的频段使用权。激励性拍卖的成功，说明了我们需要发展新的经济理论，以及相关领域的全新科学研究，以应对实际应用中出现的复杂问题。这也是为什么拍卖理论是一个既令人兴奋，又积极活跃的研究领域。

莫里斯·奥伯斯法尔德 Maurice Obstfeld

国际贸易是一个"不受宠的孩子"。1824年，历史学家托马斯·巴宾顿·麦考利（Thomas Babington Macaulay）写道："自由贸易是一个政府能够赋予人民的最大福祉之一，但几乎在每个国家都不受欢迎。"这种不受欢迎给了政客们一个机会，他们出于自己的目的煽动民族主义，也给了既得利益者一个借口，以牺牲国家为代价追求利益。

皮尤研究中心（Pew Research Center）的国际调查显示，美国对于贸易益处的怀疑程度异常之高。2016年，美国的两位主要总统候选人都以某种方式表示对贸易的抵制。除北美自由贸易协定和计划中的跨太平洋伙伴关系外，世界贸易组织和美国其他贸易承诺都成为共和党人特朗普的主要攻击对象。特朗普称，它们全部都是外国人榨取美国而获利的方式。当选总统后，他退出了跨太平洋伙伴关系协定，重新谈判了北美自由贸易协定（造成了重大破坏，实现了最小的变化），以"国家安全"为由对包括加拿大在内的各个贸易伙伴征收关税，欺压韩国使其接受美国的钢铁出口配额，推迟任命世贸组织上诉机构的法官，并发起与中国的大规模贸易冲突……

在以上行动的背后，缺乏一个明确和一致的目标。有时，特朗普的目标是"公平的互惠贸易"——你们如何对待我们，我们也如何对待你们。但这不会让美国的制造业恢复往日生机。此外，特朗普还将美国与特定贸易伙伴的贸易逆差视为不公平、非互惠贸易的证据——在他的零和贸易观中，逆差地位的贸易伙伴是输家，而处于顺差的贸易伙伴才是赢家。

在现实中，双边顺差和逆差的模式是国际分工的反映，而所有国家都能通过提高全球生产力从贸易中获益。因此，操纵双边贸易的笨拙尝试可能会带来意想不到的负面后果，而且这样其实对美国的总体外贸逆差（与所有贸易伙伴的逆差）影响不大。特朗普愉快地将其签署进美国法律中，在减税和政府开支增长的压力下，美国的赤字不断扩大。贸易政策和宏观经济政策正在发生碰撞，这可能会导致美国贸易伙伴受到更多的指责和压力。特朗普对双边交易的偏好，对国际合作的怀疑，以及对美国所有贸易伙伴的持续威胁，使全球共同体从整体上失去了长期收益。

最糟糕的是，围绕贸易（和移民）的戏剧性事件或许分散了美国对急需措施的注意力，这些措施不仅是为了帮助美国工人对全球化的适应，也是为了适应其他一系列可预见的结构性变化，比如与人工智能结合的新技术的影响。为了实现这些发展，需要大力提升美国有待完善的社会安全网络，包括对教育和培训的大量投资。但这些都没有发生。特朗普最大的财政支出方向是"建墙"。而相比之下，拥有更多发达福利国家的欧洲大陆对贸易的支持强于美国，也就毫不意外了。

其他国家正在采取行动来保护自己。11个前跨太平洋伙伴关系协定成员国已经达成了重要的贸易协议。贸易集团预计将激增，但美国并不会被包括在内。而且，预计未来会有更多的贸易冲突。由于美国两个主要政党现在基本上都反对自由贸易，因此恢复贸易合作（美国从战后时期至今的一个主要目标）前景暗淡。美国人民会变得更穷。

卢卡斯·帕帕季莫斯　Lucas Papademos

　　总的来说，希腊通过加入欧元区获得了巨大的增益。在经历了长期的高通货膨胀、过度的赤字、不断增加的债务和低速增长之后，加入欧元区的目标成了稳定经济和实现十多年不间断高速增长的动力和催化剂。在使用欧元作为货币后的7年里，希腊在相对稳定的价格环境中实现了强劲的稳步增长，人均收入也大幅提高。此外，希腊在一些领域也进行了重要的改革，尽管改革的速度相当缓慢，且程度低于原计划和要求。

　　2010年爆发的债务危机主要是由不恰当的政策造成的，这些政策违背了希腊加入欧元区时要求实施的财政纪律和谨慎的劳动力市场政策。危机爆发的另一个重要原因是必要的改革遭遇推迟，或仅实施了其中一部分内容。预算赤字长期过高，某种程度上隐性赤字和工资增长也高于生产力的增长，导致了高额债务的积累和竞争力被严重削弱，进而引发外部公共债务急剧上升，最终无法以合理的成本进行融资，也无法可持续发展。事实证明，欧洲机构、欧洲中央银行以及希腊中央银行的警告和建议，都不足以影响希腊国内政策，也无法防止危机发生。

　　希腊身为欧元区成员国所受的限制，并不是导致希腊危机如此严重和持久的真正原因。产出和就业的空前下降是由几个因素造成的。希腊的财政和外部失衡问题，比其他受危机困扰的欧元区国家更严重。由于政府的债务、赤字以及未来的养老金负债都处于极高水平，要实现债务的可持续性就需要进行大量的财政调整。重要的是，政策中对财政整顿的重视超过了对结构性改革的重视，政策组合缺乏平衡性，不足以支持增长。一些促进增长的改革虽然也能促进财政调整，但这些改革只是部分得到了实施，或由于各种原因遭遇延期。虽然劳动力成本和价格竞争力有了大幅改善，但结构性竞争力没有得到充分加强，阻碍了更强劲的增长势头。

　　最关键的是，激烈的政治对立、不断激化的民粹主义和极端主义使得各政党之间无法就正在实施的经济政策达成共识。普遍存在的恶劣环境削弱了公众的信心，使经济前景更具不确定性，从而破坏了政策的有效性，抑制了总需求和经济活动。

　　希腊"退欧"既不会有助于更快地解决危机，也不会改善经济的出口表现和增长前景。相反，这样的举动很可能会对希腊未来几年的稳定和繁荣产生破坏性影响。由于几乎所有债务都是以欧元计价的，采用国家货币将导致对国外债权人和本国债权人的违约。对外公债大多由欧洲政府持有，违约的成本将不得不由希腊的欧洲合作伙伴的纳税人承担。此类事件将会对经济和政治产生极其严重的长期影响。在国内债务方面，银行系统将迅速崩溃，政府将不得不对银行进行资本重组，增加预算赤字和公共债务。这会给经济活动和金融稳定性带来有害的影响。

　　正如希腊在20世纪80年代的经验所表明的那样，竞争力的提高和预期对增长的有利影响（如果有的话）将是暂时的。货币大幅贬值会造成通货膨胀压力和对工资增长的强烈需求，特别是在危机期间实际收入大幅下降之后。此外，希腊的违约与其银行系统的压力将对出口产生不利影响。最有可能的是，通货膨胀率会急剧上升，而设想中对经济活动的积极影响会很小。

即使在危机中最黑暗的日子里，希腊的绝大多数民众都支持希腊留在欧元区。考虑到上述种种情况，这一点也就不足为奇了。这种支持反映了人们对欧元所带来的稳定的渴望，对希腊经济在20世纪80年代的平庸表现的记忆，以及对经济政策不会那么有效的担忧，尽管在欧元区实施必要的改革也不太可能。更笼统地说，这种支持反映了这样一种认识，即加入欧元区是欧洲一体化这一庞大而雄心勃勃的进程中的一项重要组成部分。大多数希腊人认为，从长远来看，欧洲一体化会为经济、社会和安全各方面都带来益处。

乔治·佩里 George Perry

　　长期以来，低失业率和低通货膨胀一直是美国财政和货币政策的目标。但是，在实现这些目标的过程中，不同时期的成功率差别很大。在"二战"后的近半个世纪里，美国经济表现的特点是衰退频繁，以及伴随着过高通货膨胀水平的高失业率。最近几年，美国经济扩张的时间更长、失业率更低，通货膨胀率也更低了。我们从这一切中学到了什么？稳定性政策和经济在未来的前景又如何呢？

　　在"二战"后的最初几年，美国稳定政策的主要关注点是频繁的经济衰退——1949年至1960年期间经历了四次衰退，这是20世纪50年代的特点。肯尼迪－约翰逊政府成功应对了这一挑战，经济扩张和失业率下降的状况持续了10年，未曾中断。但是，随着越南战争开支的持续增长，劳动力和产品市场最终过热，通货膨胀水平也随之上升。与通货膨胀挂钩的工会合同的突出地位造成了工资价格呈螺旋式上升，当石油输出国组织（OPEC）卡特尔[1]在1973年将世界石油价格翻了两番时，总体通胀进一步加剧。1979年，当保罗·沃尔克领导的美联储承诺结束通货膨胀时，短期利率已被提高至20%，并引发了1980年至1982年的大规模双底型衰退。对于政策制定者来说，20世纪70年代留给我们的信息是，通货膨胀一旦形成，不但会十分顽固，而且要摆脱它将付出很大的代价。

　　这些发展也为稳定化的学术建模提供了参考。描述通货膨胀和失业之间的强周期性关系的菲利普斯曲线（The Phillips curve）在20世纪50年代首次面世，但这种强烈的经验规律性背后，并没有正式的模型支撑。20世纪60年代末以后，随着失业率降至极低水平以及通货膨胀水平上升速度的加快，一种描述自然失业率的模型开始在学术界中崭露头角。在没有冲击或政策干预的情况下，失业率会趋向自然失业率。如果政策使失业率低于自然失业率，通货膨胀将加速；如果政策使失业率高于自然失业率，通货膨胀将减速。这样的自然失业率模型对政策制定者起到了启示作用。通货膨胀的一切回升表现，都警告我们有收紧政策的必要。而且，由于自然失业率可以维持在任何稳定的通货膨胀率之下，因此最佳目标应为保持物价稳定。到20世纪90年代，对自然失业率的经验估计值在5.5%~6%。这些内容都包括在美联储对目标失业率的政策讨论之中。

　　幸运的是，美联储理事对过度依赖此类自然失业率的估计值和过早地收紧政策均持谨慎态度。1996年初，乔治·阿克洛夫、比尔·迪肯斯（Bill Dickens）和我发表了新的研究，完全否定了自然失业率模型。我们通过实证数据，确定了劳动力市场中降低工资刚性的重要性，我们以观察到的刚性情况为基础建立了一个模型，并显示了在适度的通货膨胀率范围内，通货膨胀率较高时，失业率会维持在较低水平。我们向政策制定者传达的信息是，通货膨胀率既可以"过低"，也可以"过高"。

1　卡特尔（cartel），一种垄断组织形式。——译者注

后来发生的实例均支持了这种模型的合理性。美联储在20世纪90年代后半段允许通胀率适度上升，自此失业率继续下降到4%左右。在下一轮经济扩张中，金融危机带来大衰退之前，失业率再次低于5%。在随后的长期扩张中，失业率从10%下降到2018年下半年的3.8%，达到几十年来的最低水平。此时，在劳动力市场上，许多曾经灰心丧气甚至不敢找工作的工人，纷纷找到了工作。

在整个扩张过程中，政策讨论的中心是通货膨胀是否高到足以证明货币紧缩的合理性。与通货膨胀高发的20世纪70年代不同，今天，我们的经济体向强势的外国竞争敞开大门，并且没有被能对工资－价格螺旋产生威胁的机构所支配，这一螺旋可能会使温和的通货膨胀升级为危险的通货膨胀。政策制定者应该继续追求温和的通货膨胀和它所带来的更有效的劳动力市场。未来，冲击、周期性过渡和金融意外依然有可能引发经济衰退，但我希望衰退并不是因为错误地试图对抗适度的通货膨胀率而出现。在可预见的未来，达成现有的低失业率水平，应该仍然是一个可实现的目标。

埃德蒙·费尔普斯 Edmund Phelps

在20世纪60年代前半段时期，大萧条时期早已终结，战争业已结束，战后出现了相当不错的增长局面。长期国债的实际利率处于舒适区，10年期美国国债的实际利率约为每年3%（在2.5%~3.5%浮动）。但从那以后，实际利率水平就大大降低了。在2003年至2006年相对平静的时期，10年期美国国债的实际利率约为每年1.75%（在1.5%~2.25%浮动）。而从2014年到现在，这一利率水平则一直在0.5%左右徘徊，最近几个月达到接近1%的水平。这种不正常的利率水平是什么造成的呢？

在继续讨论之前，我们应该认识到，只有在美元相对于欧元实际升值的情况下，美国的实际利率才可能低于欧洲的实际利率（反之亦然），且实际利率不可能无限制地上下浮动。因此，我们可以从整个西方世界的实际利率的角度来看待这个问题。

我认为部分原因在于生产率增长的大幅放缓，更确切地说，是西方国家的"全要素生产率"的增长放缓。我在《大繁荣》（Mass Flourishing）一书中把问题归结为20世纪60年代末美国经济，以及后来法国、英国经济的总体创新水平的净下降。罗伯特·索洛在其增长模型中，将这一现象称为近乎全球性的"技术进步率"下降。正因如此，人们的薪资收入和财富的增长放缓，可以预期人们的消费也会呈现较为平缓的趋势，因此对于家庭来说，即便没有几十年前的高利率存在，他们也会出借自己的储蓄。根据备受推崇的弗兰克·拉姆齐（Frank Ramsey）模型，相比全要素生产率放缓之前经济的走向，利率将下降到一个较低的水平，与之对应的是经济更为稳定的增长。

然而，之前提出的问题是，为什么实际利率在当前的长期扩张时期中如此之低。我想，问题中所指的长期扩张时期是从2014年初到2017年中期复苏完成，以及复苏以后的繁荣时期。我们原本预期，（如果当时考虑到的话）到2014年实际利率将开始恢复——即使利率在接近新的稳定增长水平的过程中，仍有可能会出现非常缓慢的下降情况。

过去几年出现极低利率的一个原因是，公众在过去十几年中观察到创新水平的进一步下降，导致他们对创新会很快恢复到接近鼎盛时期的水平的期望进一步覆灭了。公众在这一观念上的变化，会拉低近年来的实际利率。

另一个能够解释低利率水平的事件是，债券市场的参与者已经不再寄希望于联邦储备银行会在近期出售堆积如山的长期美国国债，而联邦储蓄银行之前在购买债券时也坚信这类货币宽松政策对于推动经济全面复苏是必要的。

现在，修正措施已经实施，但没有人知道这类措施究竟能够走多远。从数据上看，10年期美国国债的实际利率已经从2018年年初的约0.5%上升到2018年年底的约1%。可以说，从20世纪60年代到2019年，实际利率的长期下降是十分显著的，这也表明经济增长率有类似程度的下降。

令人惊讶的是，逆转的情况并没有发生。为什么2006年以后的跌幅如此之大？答案或许是，美联储在购买了大量的长期国债后，随着经济复苏的进行，没有卖出足够的国债，最终促成了"繁荣"局面的出现。

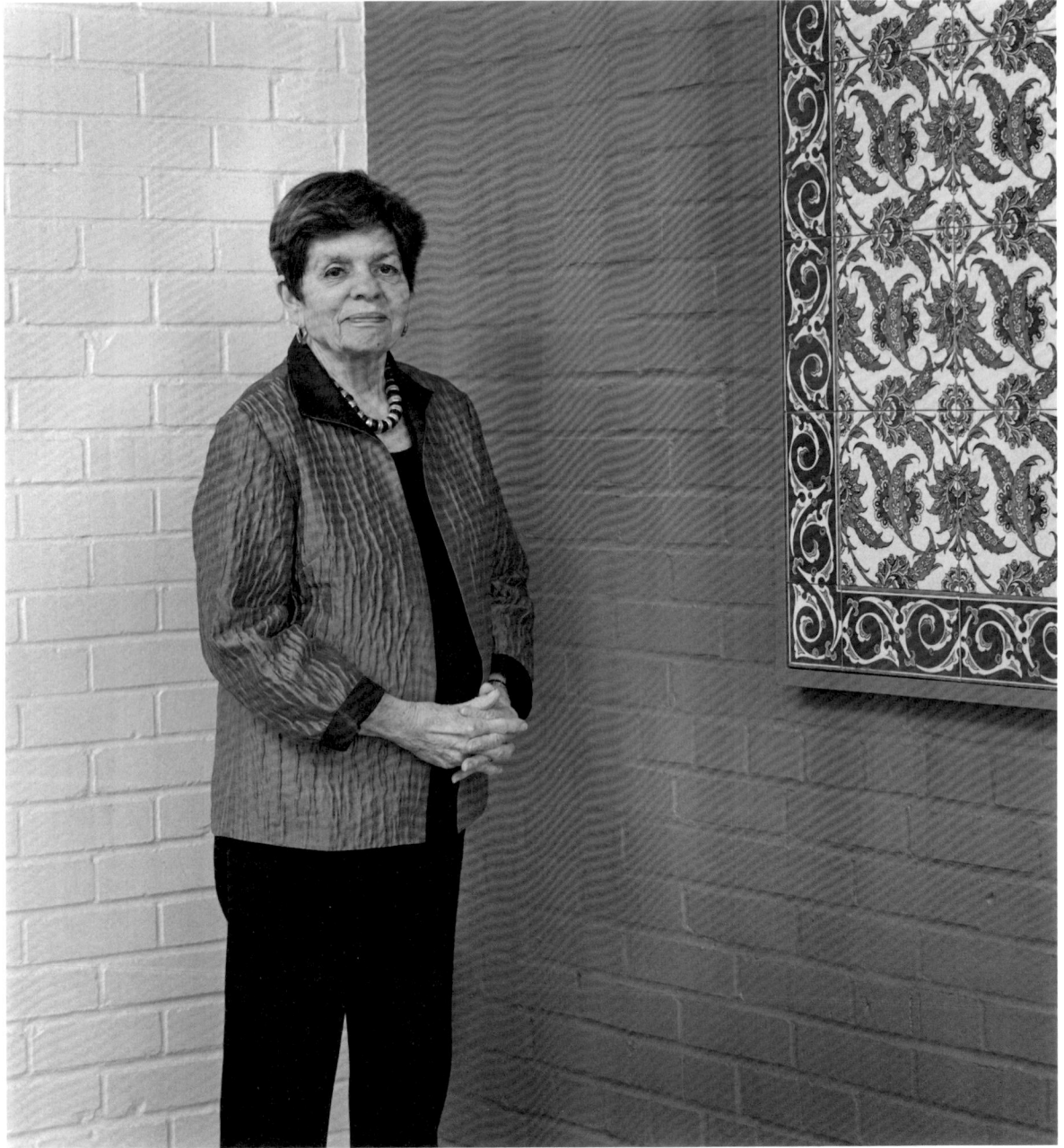

艾丽斯·瑞夫林　Alice Rivlin

美国在医疗保健系统方面的支出是非常高昂的。我们将国内生产总值的18%用于医疗保健，而且随着人口老龄化和新疗法的出现，这一比例还将增长。我们通过拼凑公共和私营项目来支付医疗费用，但仍有一部分人得不到保障。修复医疗融资系统意味着要填补这个缺口，而最好的方式是更有效地提供优质的护理服务。

我们已经不再为"目标"争论不休了。几乎每个人都相信，所有美国人都应该获得优质的、负担得起的医疗保健服务。然而，出于对华盛顿的政治权力集中化的戒备，美国并没有像许多其他国家一样建立一个全国性的医疗保健融资系统。相反，我们将公共和私营项目逐渐拼凑起来，为大多数人提供健康保险。以雇主为基础、附带高额税费优惠的融资体系，覆盖了大多数美国在职人士及其家庭。联邦医疗保险覆盖美国老年人和残疾人，同时，联邦医疗补助和儿童健康计划（Children's Health Program）则包含了极低收入的家庭。

这种拼凑公共和私营项目融资的方法为至少80%的美国人提供了令其满意的健康保险。然而，几十年来，有一小部分人没有被以上任一计划所覆盖，且这一群体的人数呈增长趋势。他们不得不在个人健康保险市场上自谋生路。而在这个市场中，保险公司之间互相竞争身体健康的、保费较低的客户。患病的人（已有病症的人）则需要支付高额保费，并且保险往往不能覆盖其所有医疗需求，更有甚者会被直接拒绝入保。

2009年颁布的《平价医疗法案》（ACA，以下简称《法案》）对个人健康保险市场进行了改革，致力消除基于健康状况的歧视，并要求所有保险产品须涵盖一套最低限度的基本福利。《法案》建立了电子市场，消费者在获得与收入相关的补贴后，可以在多个竞争性的医疗计划中进行选择。《法案》还鼓励各州扩大自己的医疗补助计划，并要求每个人都拥有一份健康保险，这样一来，健康的人就不能选择退保，不会出现保险池中只剩下患病人员的情况。

《法案》是一个创造性的解决方案，它将市场竞争与监管较好地结合了起来，但其运作情况并不完美。事实证明，在人口稀少的地区，医疗计划之间很难出现竞争，新的被保险人需要的护理比保险公司所预期的要多。事实也证明，强制购买保险的做法是不受欢迎的。然而，《法案》最大的问题是，民主党无法吸引任何共和党人与之合作，这是一项由民主党独自颁布的法案。如果共和党能够加入设计环节并与民主党通力协作，那么该法案可能会获得更广泛的支持，两党人士也可以合作修复实施过程中出现的问题。与这样的愿景相反，共和党人秉持的观念是，他们可以自由地夸大《法案》的缺陷，破坏该法案的实施，甚至要求将其完全废除，而不提供任何可行的解决方案。

我们现在该怎么做呢？保守的共和党人谈到市场解决方案，在这一方案中，保险发挥的作用较小，消费者直接从互相竞争的供应商手中购买医疗保健服务。进步人士提出转向单一支付者系统，提出建立一个如联邦医疗保险一类的政府保险，覆盖全部美国民众。但"自由市场"和"单一支付者"都是政治口号，并不是现实的解决方案。大多数美国人喜欢健康保险的安全性，偏好已知的供应商，他们害怕在情况所迫时才不得不去购买医疗保健服务。大多数拥有雇主保险的美国人希望保持原状。他们不相信政府能很好地运行一个单一支付者系统，也不想支付这一系统带来的更高税款。

我认为，摆脱目前僵局的唯一途径是两党中理智的温和派共同合作，让现行的"拼凑制度"的主要元素发挥更好的作用，使每个人都有负担得起的保险，并为供应商设置强大的激励机制，使其能够有效地提供良好的护理服务。首要的一步是稳定私人保险市场，确保处境不佳的人能够负担得起足够的保险。至于利用市场竞争和支付监管来提高效率方面，有很多可行的办法，但都必须有两党的参与和支持。理智的温和派必须制定渐进式的解决方案，并将医疗保健融资问题转移到党派对抗的火线之外。

肯尼斯·罗格夫　Kenneth Rogoff

在过去20年里，我一直认为，大多数经济学家和政策制定者并没有充分意识到适当调整和监管货币体系的重要性，这不仅会影响公共财政和犯罪问题，还会影响财政部门对抗金融危机的能力。

我并不反对我们大多数人在日常交易中使用小额钞票。我关注的其实是大面额纸币，如100美元纸币、1 000瑞士法郎纸币（价值约1 000美元），以及500欧元纸币（价值约600美元）。在大多数发达经济体中，这些面额的纸币占了总纸币价值的大部分份额，却主要用于犯罪和逃税。你可能不信，在美国，平均每个男人、女人和孩子都拥有超过35张流通的百元大钞。然而，在美联储的调查中，只有不到5%的成年人承认自己曾经使用过百元大钞，而即便是这些承认使用过大面额纸币的人，也声称自己仅是偶尔携带一些。

当然，可能有一半的美元百元大钞流转在俄罗斯、中东和墨西哥等外国市场，但余下在美国境内流通的钞票依然造成巨大的损害。同样的问题在所有发达经济体中都存在，美国也绝不是其中最严重的一例。奇怪的是，对大额钞票的需求持续迅猛增长，而在合法交易（除小额交易外）中，现金的使用继续呈现锐减的趋势。例如，对于超过100美元的消费，现金是远远落后于信用卡、借记卡、电子转账、支票的第五顺位支付方式，智能手机支付虽然目前处于第六位，但发展势头十分强劲。

中央银行喜欢大额钞票，因为印刷大额钞票有巨大的利润。一张100美元钞票的印刷成本可能是12美分，却允许政府购买价值100美元的商品。如果按照标准会计计量，美联储、欧洲央行和日本央行的利润比世界上任何一家最大的公司都高得多。那么，这其中可能存在什么问题呢？问题在于，此举可能会在犯罪和逃税方面给这些国家造成附带损害，损失大约是印制大额钞票所获利润的10倍。停止使用大额钞票并不会结束犯罪——在古吕底亚的克里萨斯国王发行标准化硬币之前，犯罪行为就已经存在很久了。但是，如果取消大额钞票就能让犯罪和逃税问题分别减少哪怕几个百分点，那么也对社会有益。

我不主张取消所有实物货币。事实上，如果百元大钞逐步退出流通，那么大多数人除非从媒体获知，否则自己很难注意到。我提出的这个问题不是一个道德问题。当然，对于规模不大的纯私人性质的交易，应该存在一些可用的交易方式。但是，我们应该让从事经常性大额逃税和犯罪行为的个人更难隐藏、转移和花费不义之财。请不要跟我说，有一些人因为不信任银行而把大量现金藏在墙里。如果有人用一箱现金在纽约、洛杉矶或迈阿密购买1 000万美元的公寓，那一定不是因为他们担心银行会开出一张假支票。

我在最近出版的《现金的诅咒》（*The Curse of Cash*）一书中探讨了货币的过去、现在和未来，从公元前7世纪标准化硬币的发明，到比特币之后可能出现的情况，均有涉及。相比我开始写这本书的时候，现在的货币环境已经出现了一些转变，例如欧元区终于开始逐步淘汰500欧元面额的纸币，同时澳大利亚等许多其他国家也正在研究这个问题。最近

出现的比特币等加密货币（另一种近乎匿名的支付方式）从长远来看价值不大，因为政府终将禁止其在零售交易和银行交易中的使用。政府尚未发布禁令，主要是因为政府选择暂时不采取监管行动来允许技术进一步发展。

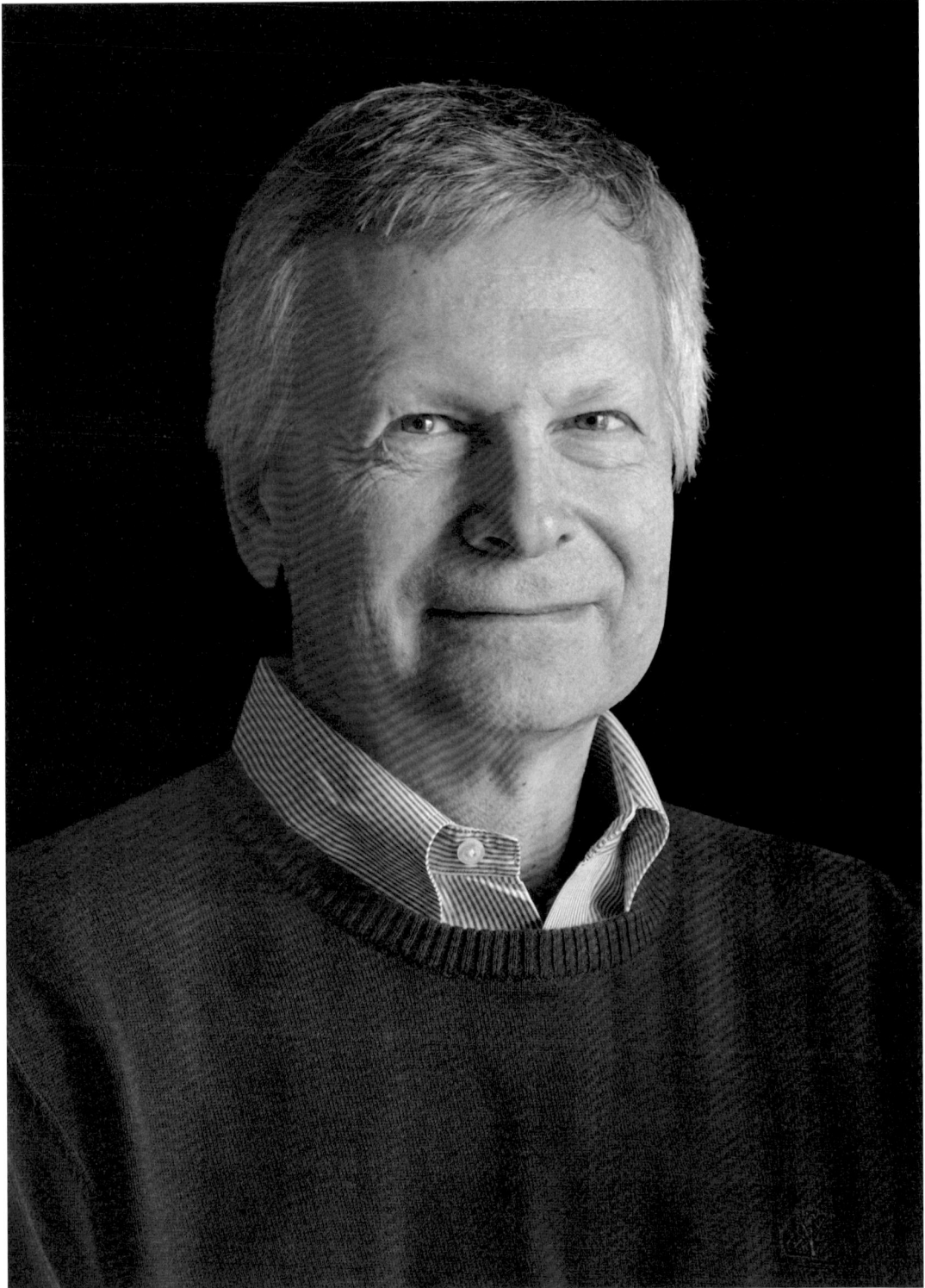

丹尼·罗德里克　Dani Rodrik

美国和欧洲民众对全球化的抵触似乎令人感到意外，但我们本来就不应该期待全球化（特别是20世纪90年代以来运行的那种全球化）能让所有人受益。事实上，经济学家对放开贸易和金融对再分配的影响已经有了相当程度的了解，但令人惊讶的是，经济学家在支持全球化方面没有采取更加谨慎的态度。

毫无疑问，第二次世界大战结束后的多轮多边贸易谈判给世界经济带来了很多好处。从前，成品贸易的进口关税和配额具有极大的限制性，只有将两者的水平降下来，贸易才能创造收益。起初，这种自由化主要影响了相对发达国家之间的贸易，但随着发展中国家开始加入世界经济，这些国家的低工资情况逐渐在进口国造成更严重的分配不均局面。

除了创造收益之外，即使在最好的情况下，贸易自由化也会造成一些问题。但从20世纪80年代后期开始，劳动与收益之间的平衡开始变得越来越差，我们可以从1994年生效的《北美自由贸易协定》中略窥一二。最近一项关于《北美自由贸易协定》对劳动力市场影响的研究发现，这一协定对美国的蓝领工人及其生活的社区产生了切实的负面影响。同时，它给美国带来的总体经济收益远低于GDP的0.1%，即不到GDP的1/1 000。

这与经济学的理论相吻合。根据贸易理论中著名的斯托尔珀–萨缪尔森定理（The Stolper-Samuelson Theorem），在熟练工人数充足的国家（如北美和西欧国家），非熟练工的生活水平会因贸易自由程度升高而下降。虽然这一定理建立在特殊的假设之上，但它有一个相当普遍的版本：贸易的开放性总是对社会中的一些人造成伤害，除非经济体已实现彻底的专业化（在国内不生产任何进口商品）。

此外，在20世纪90年代之后，现实中的贸易协定越来越不再与自由贸易密切相关，而开始着眼于边境以外的规章制度，包括农业补贴、食品和产品安全规则、投资规章、知识产权、银行和金融措施等。慢慢地，一些多由国内政治拉锯而确定下来的体制安排被视为贸易壁垒，并需要通过贸易协定重新谈判。

20世纪90年代后，"超全球化主义论者"所犯的最严重的错误也许是促进金融全球化。世界各地的资金自由流动本应将储蓄引向回报率较高的国家，通过国际借贷使各国的消费趋于平稳，并允许全球投资组合多元化。但是，这些收益被糟糕的金融危机和随之出台的破坏性紧缩政策所抵销。开放资本自由流动的国家中，不平等现象加剧，收入中的劳动份额下降，工人的税收负担亦有所增加。

回过头来看，得利者和失利者其实一目了然。从全球化中获益最大的是受益于新规则的企业和职业精英。失利者是发达国家中的大部分工人阶级，以及那些只打开经济大门被动等待全球化自己发挥魔力的国家（如墨西哥）。

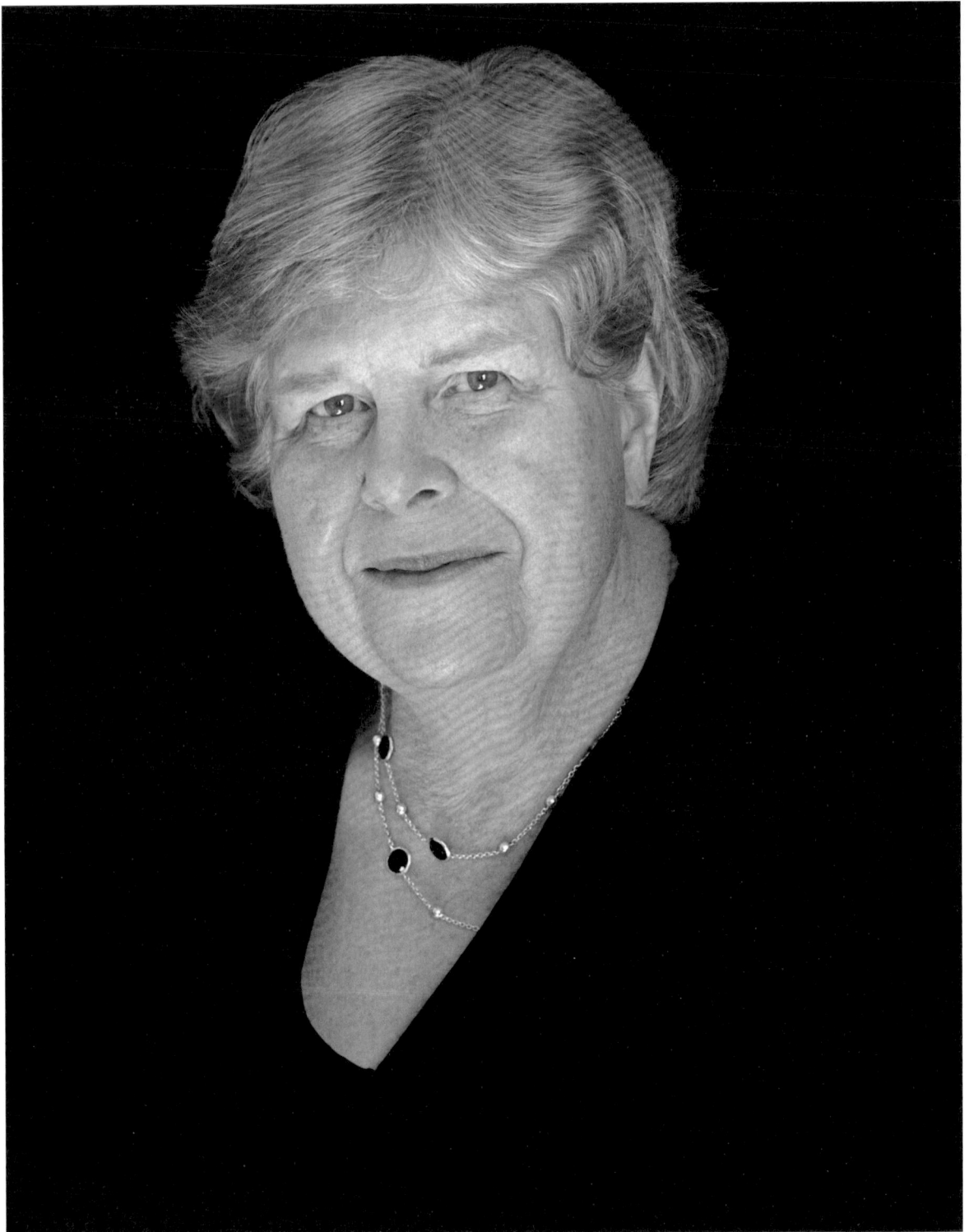

克里斯蒂娜·罗默　Christina Romer

我们可以从危机中吸取许多有关财政政策和货币政策的教训，其中有两点十分突出。首先，在危机之前，大多数经济学家认为维持短期稳定（在面对各种冲击经济的干扰时，保持通胀和失业率相对稳定）是货币政策的职责。但在危机初期，货币政策制定者就已经失去了降息的空间，财政政策不得不在阻止经济崩溃方面发挥核心作用。因此，这次危机的第一个教训是，财政政策可以在稳定经济方面发挥重要作用。作为一个经济学家，我特别感兴趣的一个问题是，如何更有效地利用财政政策来帮助经济复苏。例如，是否可以设置一些能够更快、更自动地发挥作用的财政政策，使经济及时得到所需的帮助（同时财政刺激措施也能妥善收尾）？同样，是否有可能设计一个公共就业方案，让许多失业的工人迅速重返工作岗位，从事对社会有用的工作呢？

第二个教训涉及面对金融危机等巨大冲击时，使用货币政策和财政政策来应对冲击这一能力的价值。我和戴维·罗默在最近的研究中发现，对于金融危机所带来后果的严重程度来说，使用货币政策和财政政策的能力至关重要。如果一个国家在陷入危机之初，政府债务很低，降息空间很大，那么金融危机对经济的影响一般会很小；但如果危机开始时，政府债台高筑，利率很低，则危机往往会产生灾难性的影响。在最近的危机中，这种模式非常明显。例如，中国、韩国、澳大利亚等国家，由于本身财政空间充裕，并采取了非常积极的财政措施，因此在这些国家中危机的余波非常温和；相反，希腊、意大利等国家在危机开始时，政府已经面临高额债务，但在经济需要财政刺激的时候，依然被迫采取了紧缩性财政政策，其最终结果便是多年的高失业率和经济困难。

以上信息带来了一个启示：决策者在正常时期执行政策的同时，应设身处地地思考当危机来临时，如何应对危机带来的冲击。就财政政策而言，这意味着应在经济运行良好的时候采取非常负责任的财政政策，使政府债务保持在相对于经济规模较低的水平。但对于货币政策而言，启示可能恰恰相反，那就是应在经济状况良好时，采取不那么负责的政策：如果央行允许通胀率稍微升高一点，普通存款利率也会相应提高一些，这样一来在面临危机时，央行就会有更大的降息空间。

金融危机的经历是否表明我们的财政政策和货币政策发生了重大变化？

171

戴维·罗默　David Romer

近期的经济危机带来了为数不多的一些好处，其中之一便是危机引发了财政政策对经济影响的研究呈爆炸式增长。对于这类研究工作，我尤其喜欢它的范围广泛、富于创意的特性。一些研究者正在孜孜不倦地寻找巧妙的方法分析经济的整体表现及政府支出和税收行为的数据，希望从中获得新的见解。但是发展势头更盛的领域其实是微观经济数据的利用，也就是对个人、企业和家庭层面的数据，或一个国家内各地区数据的应用。研究者正是通过这类微观数据来了解政策的宏观经济效应，即政策对整体经济的影响。

从这些研究中可以得到非常一致的信息——财政刺激措施是有效的。研究者发现，在宏观经济层面，如果政府出于短期内与影响经济的其他因素无关的原因，采取增加支出或减少赋税的措施，那么接下来的几年里往往会出现经济蓬勃发展的局面。而在微观经济层面，研究者发现，如果个人从政府减税或财政支出方面获益，那么个人的消费支出会相应地大幅增加，而且增加的速度非常快。此外，如果政府在国内某个地区的支出高于另一个地区，而且其中原因存在一定的随机性时，那么前者的整体就业和产出水平相对后者会大幅上升。研究者不禁要思考，就财政政策对整个经济的影响而言，这些微观经济的结果究竟意味着什么？他们得出的结论是，这些结果表明，在一些可以使用国家财政政策的情况下，实施财政政策的影响是巨大的。可以应用这类政策的情况，包括经济陷入低迷的时期，或因受到利率不能低于零的限制而无法使用货币政策的时期。

很可惜，这一信息并没有传递到决策者的耳中。尽管有越来越多的证据表明，增加政府支出和减税对提振疲软的经济帮助巨大，而且在最近的危机中，我们也看到财政措施的实施对扭转局面的作用极为重要，但目前，"经济刺激"在决策层几乎成了一个禁忌词。我非常希望在下一次危机来临之前，这种情况能有所改变。

保罗·罗默　Paul Romer

我一直感兴趣的问题是，为什么进步的速度会跨世纪递增？我会在后面解释思考这个问题的理由，但我首先承认，这完全是出于个人目的。我研究增长理论是因为我喜欢它可以在两个极端之间转换——对基本面的抽象分析，以及对实际决策中具体细节的审慎关注。

在思考"进步"问题时，涉及的基本抽象概念是技术和两种类型的知识——书本中的编码型知识（codified knowledge）和大脑中的隐性知识（tacit knowledge）。技术和编码型知识之间的联系是明确而直接的：优化的蒸汽机使人们对热力学有更深的理解，反之亦然。而技术和隐性知识之间的联系则更为复杂。新技术增加了许多新事物的价值。但正如卢德派[1]所警告的那样，新技术也可以破坏一些已知事物的价值，比如机械织布机设计的编码型知识，就让织布熟练工的隐性知识过时了。

抽象地讲，对教育系统的调整可以帮助学生获得补充新技术的新知识。最好的例子来自20世纪上半叶，当时在美国的高中运动中，义务制高中取代了为精英量身设计的"拉丁学校"，并采用了新的课程设置，帮助学生为进入大型组织工作作准备。

在将学校系统发展中必需的抽象见解，转化为人们如今可以采取的实际步骤时，需要注意许多具体的细节。我们如何知道一种教学方式是否能将市场会重视的知识教给学生呢？为了回答这个问题，经济学家使用测试分数来衡量学生了解知识的程度。测试分数更高的国家似乎享有更好的经济成果。但是，当经济学家对更多国家在更长的时间跨度内的测试结果进行比较时，他们面临一系列令人困惑的细节问题，比如，应该使用哪些测试的分数？如何将不同考试的分数联系起来？等等。

这些细节引出了抽象的基本原理问题，即测量究竟意味着什么。通常情况下，测量意味着计数。当孩子们长高时，我们使用同类单位相加（厘米与厘米相加）的方式，来计算孩子长高了多少。但是当孩子们学习时，他们把苹果的数量加到橘子上，接着又学习二次方程、标点符号、主题句、各种历史事实等。因为学习过程中总会堆叠各种不同类的事物，所以我们不能通过不分类计数得到的总分数，来衡量一个人的知识水平。

对于如何利用测试中产生的大量不可比较的数字进行衡量，经济学家在抽象层面上有了一定进展。关于如何将衡量知识水平的新方法纳入美国统计系统，经济学家需与统计学家一同讨论其中的具体细节，从而得出实际的建议。教学内容将交由教育工作者决定。比如，Python应该取代拉丁语教学吗？（很难不支持一个以喜剧剧团命名的计算机语言[2]）。

1　卢德派：抗拒新技术的人，详见133页格里高利·曼昆的部分。

2　Python的得名是因为Python之父吉多·范罗苏姆（Guido van Rossum）本人是喜剧剧团Monty Python（巨蟒）的粉丝，所以他干脆把自创的编程语言称为蟒（Python）。——译者注我们从长期的历史发展中收获的教训是，持续的进步是可能的。甚至进步的速度也可以更快，但需要为此付出永不停歇的努力。为了避免卢德派宣扬的负面结果，每一代人都必须塑造自己的"高中教育运动"。当社会向人们教授新技能时，经济学家可以通过展示如何衡量不同教学方式的实际效果，作出自己的贡献。

那么，提出长期前景问题的理由（或借口）究竟是什么呢？答案是，提出这类问题有助于维持一种鼓励行动的现实乐观主义精神。现在我们面临的最大的风险是，未经思考的悲观主义会催生否认、困惑、冷漠的情绪，面对并非进步的改变时，人们会变得消极顺从。

进步不是一件自然发生的事情，而是只有社会作出努力才能够实现的。

埃坦·舍辛斯基 Eytan Sheshinski

在许多国家，天然气、石油和矿产等不可再生自然资源的税收是政府财政收入的一个重要来源。在一些中东国家，超过80%的政府财政收入来自石油，在一些非洲国家这一比例约为50%，在俄罗斯则为25%，而在一些经济合作与发展组织国家，石油税收也占到了相当大的比重。因此，对自然资源收入进行政策设计是相当重要的。

作为主权者，国家对国内的自然资源享有所有权。但美国是一个例外，美国的私营业主有权拥有在其地产上发现的经济资源。政府则可以通过国有企业，自行从"内部"获取开采自然资源的收入，或者通过将开采创收的权利外包给私营企业，换取反映政府所有权的税收合同义务。由于国有企业效率低下，因此几乎所有政府都将特许权授予私营公司。

政府最常使用的财政手段是收取矿区土地特许权使用费，税基为营收。这一税种和其他间接税一样具有干扰性，对勘探、开发和生产有消极影响。政府偏好这种税收是由于它提供了相对稳定和快速的收入流。特许权使用费的替代税种是租赁税，税基为超额利润，因此不具备干扰性。租赁税的确定需要收集关于成本的信息，并且必须对风险进行补偿。由于存在信息不对称、潜在操纵、成本膨胀和时间问题，租赁税必须依靠一个可靠的政府监管机构才能应用。这就是大多数发展中国家完全依靠特许权使用费而非租赁税的原因。政府拍卖如果进行得当（有公开的渠道和充分的信息），可以成为另一种获取税金的有效方法。美国近海油田的拍卖规定，中标者要预先向政府支付最高的"签约定金"。

从可耗尽的自然资源获得的财政收入，在规划支出时应保持平稳，这一论点有经济和规范方面的论据支撑。而当资源耗减时，出于让后代也能够分享利益的道德原则，应将财政支出与收入分开，并将支出的时间线延伸到一个较长的范围。

虽然有远见的政府可以通过投资（如基础设施方面）来为子孙后代谋福利，但现实主义和政治经济要求对政府的支出进行限制。这就是资源丰富的国家纷纷建立自然资源基金（NRFs）或主权财富基金的原因。除道德上的争论外，还有宏观经济目标的问题。20世纪60年代，在北海石油矿藏被发现之后，与石油销售有关的大量外汇流入导致挪威和荷兰等国的汇率重估。这损害了传统的出口产业，致使经济放缓。这种现象被称为"荷兰病"（Dutch disease）。而自然资源基金通过将收益投资于全球市场并分散流入量，可以减轻这些负面效应。今天，全世界已成立了近40个国家自然资源基金，最大的是挪威和卡塔尔的国家自然资源基金，二者基金的价值均接近1万亿美元。不过，国家自然资源基金的现实表现却出乎意料的薄弱。一些国家自然资源基金表现良好，还有一些则表现不佳。

这些观察与另一个现象有关，即"资源诅咒"。事实证据证明，国家的经济增长率和其自然资源水平之间存在着负相关性。这个悖论或者说谜团，可以用政治经济学的术语来解释：政府如果主要依赖一个与经济表现不相干的外部收入作为财政来源，往往会对

经济政策疏忽大意，容易滋生腐败问题。有人建议针对国家自然资源基金的财政支出制定严格的规则，但这还不够。在挪威，国家储备基金的支付规则很宽松，但受其国内的"政治文化"影响，国家治理层会持续着眼于长期目标（如养老金支持）。

鉴于发展中国家的大型私营开采公司和政府之间需要建立更平衡、更持久的合同关系，经济合作与发展组织正在着手制定采掘业合同的指导原则，这是一个值得欢迎的举措。

埃尔文·罗斯　Alvin Roth

市场和语言都是古老的人类智慧的产物，是我们人类为了更好地合作、协调、竞争和组织各种活动而创建的工具。就像语言有许多类别一样，市场和交易平台的种类也有很多。

一提到市场，我们通常会想到商品市场。在这类市场中，出售的对象已经被标准化为商品，你在市场中交易时便无须关心自己在和谁打交道。举个例子，每块麦田都各不相同，但芝加哥期货交易所（CBOT）出售的是2号硬红冬麦的合约，这是一种无须进一步考察就可以买卖的商品。所以在商品市场中，所有工作都围绕价格来完成。芝加哥期货交易所的工作就是整天为它所销售的每一种商品找到能实现供需平衡的价格。

但不是每个市场都是商品市场。在某些市场中，你会关心自己在和谁打交道。在匹配市场中，你不能简单地挑选自己想要的东西（即使你能负担得起价格），因为你也必须被选择。斯坦福大学在招生时，不会采用把学费定得足够高，以使学生人数刚好等于教室的容纳量的方式；同样，谷歌也不会降低软件工程师的工资，直到刚好有足够多的工程师想在谷歌工作。事实是，除非你被斯坦福大学录取了，否则就不能在斯坦福读书；除非你被谷歌聘用了，否则也不能在谷歌工作。所以，大学录取和劳动力市场的本质是匹配市场。我们在人生最重要的一些关口都会遇到匹配市场（如你不能简单地选择配偶，你也要被其他人选择……）

我设想，如果有一位火星科学家飞来观察地球人（假设这位科学家的研究重点是人类）的活动，那么其发回火星科学基金会（MSF）的第一份报告可能会这样写：人类总是在交谈，而且总是在交易、协调、合作和竞争。也就是说，火星科学基金会将了解到，语言和市场是人类的基本工具。

一旦我们把市场看作工具，就可以开始思考如何充分地理解市场，以便在市场出现问题时进行修复，并建立起新的、更好的市场。这些都是市场设计的任务。

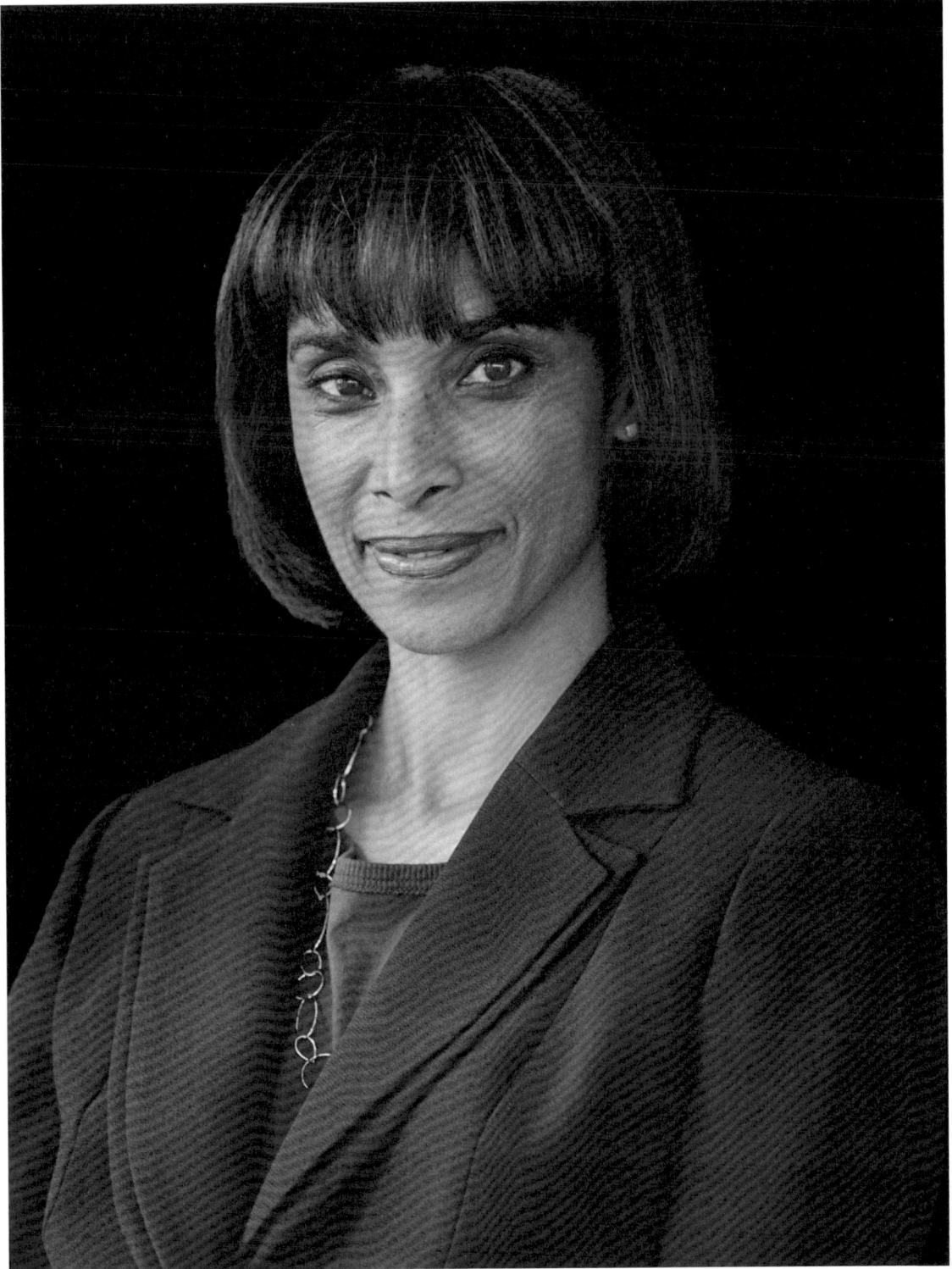

塞西莉亚·劳斯　Cecilia Rouse

美国每年在中小学教育上的支出约为 7 000 亿美元（以 2018 年美元的购买力计算），平均每个学生支出约 14 000 美元，其中约 92% 的资金是州和地方一级资助的。大约 45% 的资金筹集来自地方一级，也就是说有近 14 000 个学区和超过 98 000 所公立学校的资金来自地方。美国在中小学教育方面历来都有这种融资下放的传统。虽然下放有很多好处，但也相应地带来一些成本，如果我们能在战略层面进行更多的集中部署或协调，美国学生的成绩很可能会有所改善。

一方面，地方融资（以及控制）的好处是，学校的设计和管理可以适应当地人口和劳动力市场的需求与愿望。同时，预算编制、教师聘用、课外活动和其他附加活动等必然存在地区差异的重要决定，也会交由最接近基层的人来决定。事实上，有资料显示，家庭在有能力选择居住地时，十分看重当地学区的口碑。这有助于激发学区之间吸引学生的良性竞争，并使本地学校的服务与居住在该学区的家庭利益能够更好地结合。

然而另一方面，这种下放也存在缺点。在美国，36% 的中小学收入来自财产税，这意味着有些地区的创收能力比其他地区强得多。举一个例子，2015 年，美国最富有的学区是纽约州的斯卡斯代尔，该地区的人均收入（与房产价值密切相关）为 238 478 美元。相比之下，当时美国最贫穷的学区是得克萨斯州的圣珀利塔，该地区的人均收入为 16 384 美元。在认识到学校资源的严重不平等会导致学生成绩的不均衡后，大多数州试图将支出平衡控制到一定水平，通常采取的措施是补贴财产贫乏地区的财政收入。类似地，联邦政府的出资主要通过 1965 年的《中小学教育法》中规定的方式进行，这一法案的颁布旨在实现教育机会的平等。也就是说，各州和联邦政府的很大一部分款项支出是为了缓解地方存在的"支付能力"不平等。

在我看来，美国大部分地方教育融资系统存在两大负面后果。首先，美国各地区的收入不平等会导致教育不平等现象一直持续下去。尽管更多的资金投入不一定能够确保学生的成绩更优秀，但是如果无法保证贫困地区的学生不处于明显的劣势，推进一些已经被证明有效的教育改革是很困难的，如降低班级规模和聘用更多合格教师等。其次，地方控制可能会给学生流动带来成本，而且在一些地区，这种成本可能很高。据 2010 年美国国家科学院的一份报告估计，在一些高度贫困的城市学校中，每学年的学生转学率超过 50%。然而，地方控制会使不同学校和地区的课程也有很大的差异。当孩子们在学年中间搬家时，他们会发现自己在上一所学校学习的内容与在新学校学习的内容几乎没有相似之处。如果课程设置能更集中一些，那么这类流动虽然会在很多方面干扰学生，但至少能保证一定程度的教育连续性。

虽然教育下放有许多适合美国社会的优点，但加强集中化也可能会带来一些好处。具体来说，我们应该加大努力，确保地区和学校为最需要帮助的学生（这类学生往往需要从学校获得更多服务，以弥补家庭资源的不足）提供必要的资源，帮助他们达成有力的成果。同时我们应努力减少学生流动时面临的影响（如确保课程有一些共同的标准）。这些举措都有可能会改善美国的教育系统。

伊曼纽尔·赛斯 Emmanuel Saez

在所有社会中，人们都非常关心不平等问题。经济生产是建立在一个复杂的工作网络和所有权关系之上的。没有人可以孤立地从事生产活动，每个人都依赖于社会的其他部分。我们也会根据社会中其他人的表现来评估自己的经济成就。因此，人们对经济增长的成果应该如何分配有强烈的感受和看法，也就不足为奇了。一些人认为，市场经济通常是公平的，人们各自赚取自己应得的东西；而另一些人则认为，市场可能是不公平的，因此社会应该为所有人提供机会和保护，使其免受经济灾难的影响。

在现代社会中，是否存在类似于收入或财富不平等的"最佳状态"，以及这一状态是否可以实现呢？归根结底，这取决于公众辩论和民主政治进程：人们表达自身观点，然后辩论、投票、发布政策。经济学家的工作既不能为公众回答这个问题，也不能使每个人就"理想的不平等程度"达成一致，但可以给相关的辩论带来有益的启示。激励我工作的一个深层的问题是，好的公共政策能否使社会更加平等，同时保持其经济活力？我与许多同事携手建立了数据库，记录了许多国家在长时间跨度内的收入和财富不平等水平及其演变。我们努力使这些数据能为更广泛的公众所接受和理解，并试图了解不平等的驱动因素以及政府和公共政策的作用。有什么重要的发现呢？

首先，几乎所有现代社会都有大型政府，政府通常收取国民总收入的1/3到1/2作为税收，用于资助公共教育、医疗、退休、收入支持计划以及许多其他公共产品。因此，通过政府的行为，我们所有人都已经作出了选择，即将我们的经济资源中的很大一部分集中起来。即使在美国，总税收也几乎能占国民收入的1/3。这就是一项最有力的说明，意味着人们不但关心不平等问题，而且支持将个人市场收入的很大一部分汇集起来投入公共事业，以获得更广泛的平等和更多的机会，提高社会的共同利益。

其次，近几十年来，许多发达经济体的不平等现象大幅增加，在美国尤其如此。美国国民收入最高的1%的人群所占的收入份额已经翻了一番，从1980年的10%增加到2019年的20%左右。相反，美国底层成年人的国民收入份额从1980年的20%下降到今天的12%左右。可以说，自1980年以来，底层中一半成年人的收入基本没有增长。在超过一代人的时间里，经济体中的一半人口被排除在经济增长的红利之外，这必然会引起人们的不满。

最后，其他国家——特别是欧洲大陆的国家——经历的不平等加剧情况要轻微得多，因此这些国家能够更公平地分配经济增长的成果。这表明，不平等不是技术进步和全球化的必然结果，实际上社会可以通过公共政策选择自己想要达到的不平等程度。从"新政"时期到"二战"后的几十年，美国的增长曾经兼具强劲和公平，这要归功于累进税制、强有力的金融和反垄断监管，以及赋权劳动力的效果。1980年以来美国的不平等增长主要是这些政策瓦解的结果。虽然不平等会一直存在，也总会引起激烈的辩论，但从社会的角度，我们可以改变制度和政策，确保经济增长惠及广泛的民众。如果政府存在这种政治意愿，经济学家可以协助打造合适的工具，在保持经济增长的同时实现更广泛的平等。

托马斯·萨金特 Thomas Sargent

关于高度和中度通胀的成因和解决方法，我的研究工作几乎不涉及美国和欧元区过去10年的通胀状况。在我所研究的高通胀实例中，有一种关系在驱动高通胀形成过程中发挥了关键作用，实际货币余额需求与预期通胀正水平呈反比关系，且这种关系具有稳定而平滑的特征。换句话说，当通胀率和利率水平均相当高时，个人和企业都不会想要持有现金或银行账户，因为通胀会侵蚀它们的"实际"价值，而且不会得到利息形式的补偿。他们宁愿拥有债券或其他有息资产。所以利率越高，他们愿意持有的现金越少。这种行为是我开展通货膨胀研究的一个基础。

在过去的10年里，不管是归因于"制度变革"还是"非线性"（这两个可能是描述相同事物的概念），名义利率已经下降到接近于零的水平，并使实际余额的需求函数相对于名义利率而言非常具有弹性，以至于我们已经陷入凯恩斯所说的"流动性陷阱"。当利率持续处于极低水平时，比如近期，个人和企业都认为没有必要持有债券和其他资产，而选择持有现金和

银行账户，对利率和通货膨胀可能发生的微小波动也并不敏感。因此，上文讨论的反比关系（利率升高导致持有现金的意愿降低，反之亦然）消失了。因此，货币政策的效果比"正常"时期要差。

从本质上讲，我在高通货膨胀方面的研究工作中利用的正是凯恩斯写于1923年的《论货币改革》（*A Tract on Monetary Reform*）一书中提到的"古典"经济学。如果要理解过去10年的通货膨胀结果，这本书不如凯恩斯1936年的《就业、利息和货币通论》（*The General Theory of Employment, Interest and Money*）中分析"流动性陷阱"带来后果的内容有裨益。

保罗·萨缪尔森（Paul Samuelson）曾讨论过，将凯恩斯主义与古典主义融合起来，形成"新古典综合学派"。他随即尖锐地提出了如何将这两种经济行为连贯地融合起来的问题，这也成了宏观经济学前沿的问题。今天的年轻学者能够使用新的工具，以现实的方式模拟各种"摩擦"，并在这个问题上取得进展，他们完成了我希望自己能够但没有完成的工作。

阿马蒂亚·森 Amartya Sen

年轻女性是因过度频繁地生养子女而承受最大压力的群体，因此，提高年轻女性对生育决定的影响力，往往会导致出生率降低，这一点并不奇怪。二者之间的相关性已被世界各地的统计研究所证实，例如，有观察结果表明，女性受教育程度提高和有偿就业水平升高对出生率降低有非常大的影响，因为两者都增加了女性在家庭中的发言权，这就恰好反映了上述相关性。在对印度数百个地区进行的比较研究中，这也是仅有的两项持续影响生育率的因素，研究结果具有统计显著性。

赋予女性影响和控制自己生育的能力会起到什么作用呢？其中存在很有必要了解但往往被忽略的重要关联因素。例如，在大众的理解中，中国出生率的快速下降往往被归结为其实施"计划生育"（一孩）政策。然而，这项政策出台于1978年，晚于中国生育率大幅下降的时期。中国生育率的大幅下降与女性受教育程度的提高和就业规模的扩大关联更紧密。在计划生育政策出台前的10年间，中国的生育率从1968年的5.87%下降到1978年的2.98%，这是中国生育率下降过程中降幅最大的10年。而40年后的2018年，中国的生育率为1.67%（跟女性受教育水平和就业程度的进一步提高有关）。

但是，让女性自行控制生育不应该成为制定恰当的人口政策的唯一手段。受困于极低水平的生育率，一些国家开始面临人口下降的问题。这些国家可能需

要注意到年轻女性自身利益之外的社会因素。然而，生育是一个十分私人的决定，政策绝对不可能合理地剥夺父母本身（特别是母亲）的决定权。但是我们依然可以进行一些合理的社会讨论，讨论社会自身如何改革，能够减轻家庭事务的负担，包括养育子女的负担——在大多数社会中，家庭事务的重担往往更多地不平等地落在母亲身上。保障年轻女性能够控制自己生育，其重要性可能需要更公平地分担家务和家庭性工作加以强化。此外，育儿假，良好的学前教育设施建设，以及其他社会安排都可以在影响女性控制生育决定方面发挥一定作用。

最后，在制定人口政策时还必须注意到，在世界的许多地方，还存在"重男轻女"的现象，以人工流产的方式筛选婴儿性别的情况普遍存在。各项研究表明，这些地方的母亲往往决定对女性胎儿选择性流产。因此，如果让年轻女性自行控制这些决定，可能不是一个恰当的解决办法。但对于男孩和女孩在整个社会中的地位，这正是一个开展批判性的、更深入的讨论的好机会，也是对社会安排（如养老金）的改进潜力进行讨论的契机，这些社会安排可以使某些国家的民众纠正为了在老年时获得更好的经济保障而生男孩、不生女孩的观念——在这些国家，这种错误观念会带来恶劣的后果。适当的控制是很重要的，但并不能抵消社会改革和启发民智的需要。

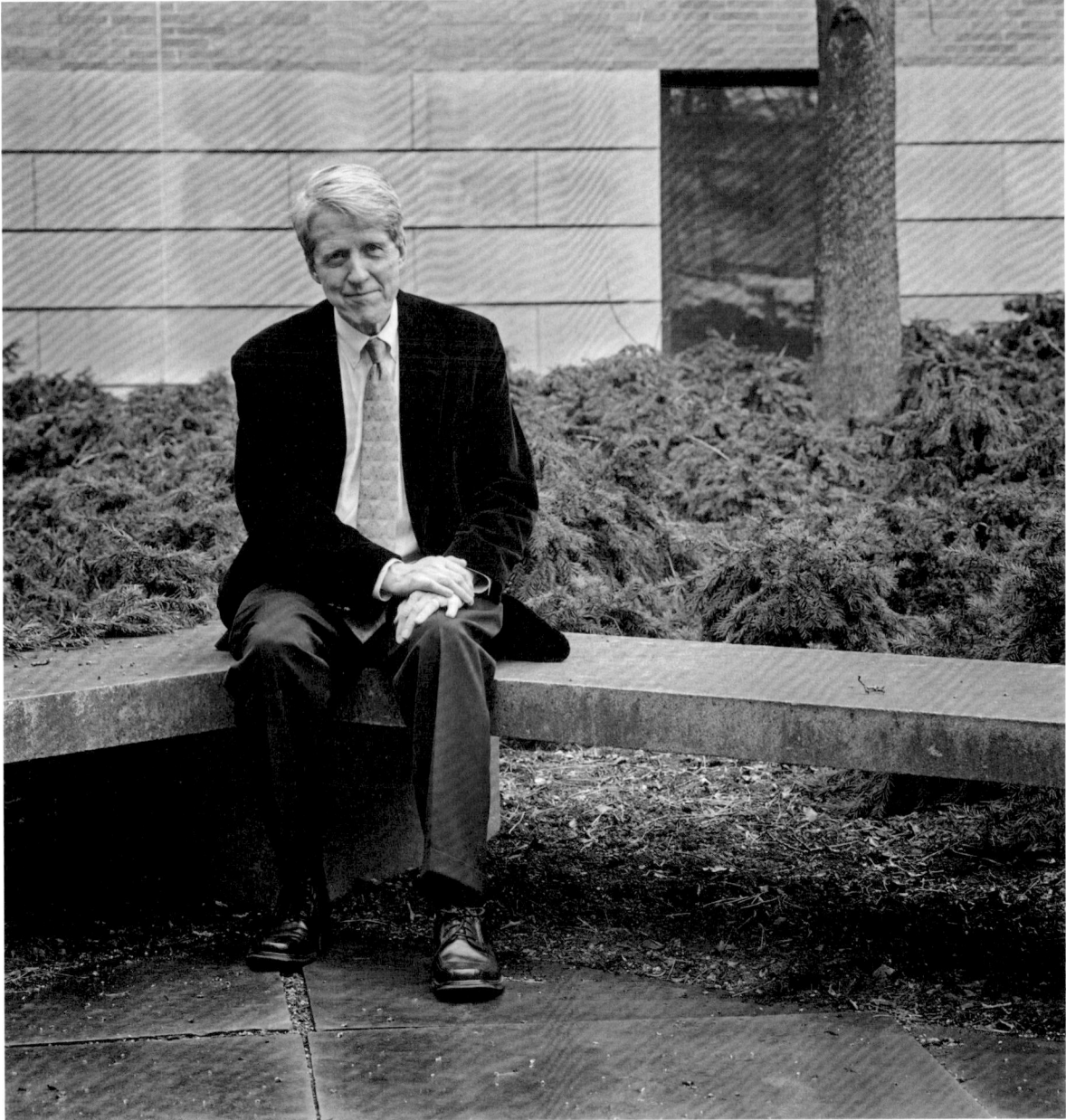

罗伯特·席勒　Robert Shiller

在1896年的《帕尔格雷夫政治经济学词典》（*Palgrave's Dictionary of Political Economy*）中，有一个关于"叙事经济学"（Narrative Economics）的条目，但词典中给出的定义并不是最新的，它写道："叙事经济学或历史经济学中，不仅包括按纵向的时间顺序叙述的过去事件，还包括对同期或不同期社会的比较。"根据这个定义，叙事经济学与针对经济事件的年代学或地理学研究就相差无几了。

2017年，我在美国经济学会的主席演讲中，针对"叙事经济学"提出了一种不同的定义：叙事经济学应该是将流行叙事作为经济力量本身进行的研究。也就是说，叙事经济学并不构建叙事，而是研究吸引公众注意力的叙事——这些叙事其实在历史事件的形成过程中一直有活跃的影响。叙事经济学应该关注广为传播的叙事，这些叙事通过口口相传或社交媒体在人与人之间传播开来，并影响了数百万人的经济决策。过去重大经济事件的叙事可以在早期报纸数字化的材料、书籍、讲稿、日记、社交媒体和其他传播途径中找到。

我们应该记住，"叙事"这个词不能与"故事"画等号。叙事是叙述者从个人对世界的看法出发，讲述故事、传达理论或动机的过程。一个单一的客观故事——比如1929年股票市场崩溃的故事——可以从无数个不同的角度来讲述。1929年之后，一些观点占据了主流，大家普遍相信"股灾预示着即将到来的糟糕时代"这一故事叙述，导致人们对自己的未来切实地感到恐惧，并停止了消费。1929年至1932年，福特新车的销量下降了近80%。大多数人认为他们完全可以在几年内不买新车，直到不再恐惧。但由于人们普遍推迟购买车辆，汽车厂被迫关闭、工人遭遇解雇，大萧条局面因此产生。

上述"叙事"甚至被铭记至今。现在，电视新闻广播在每个交易日都会尽职尽责地报道道琼斯工业平均指数的变化，而《华尔街日报》在每个头版的横幅下方都会刊登这一信息。在1929年之前，道琼斯指数并没有这样的市场影响——1929年的大萧条让道琼斯指数出名了。今天人们仍然认为道琼斯指数也许能够预示另一次大萧条。这是一种不会消亡的叙事，它在公众思维中根深蒂固。有关大萧条的说法在2007年至2009年的世界金融危机中再次出现，可以说，如果不是它重新点燃了公众的恐惧，萧条也不会如此严重。

与其他社会科学工作者相比，经济学家对叙事的兴趣要小得多，而人类学家和社会学家对叙事的兴趣相对较大。部分原因是经济学家很难确定叙事和经济事件之间的因果关系。他们想知道如何证明一些流行叙事是否真的有效地影响了经济行为。他们希望看到所有经济活动影响因素的量化证据，这样才能确定其在统计学上的意义。

而量化叙事影响的问题在于，叙事是复杂而模糊的。某一叙事的影响可能只取决于其中包含的几个关键词语。而叙事中细微差别的含义和对当时的人的意义，似乎需要依靠个人判断才能解释。

但是，如果我们要理解和预测经济事件，尝试系统地研究不断变化的流行叙事是一条必经之路。

乔治·舒尔茨 George Shultz

在20世纪20年代末到30年代间，私营部门的工会不断发展壮大。它们对工作环境产生了巨大的积极影响，不仅有利于工资和工作条件的改善，而且创造了一套私营部门的法律系统，为工作场合带来了正义。在过去，工会是一股积极正向的力量。但在许多情况下，加入工会的企业也垄断了其所处的行业，如汽车行业。由于这种垄断的存在，行业进入休眠状态，生产质量也出现下滑。因此有一段时期，消费者对自己购买汽车的质量感到担忧。而这为日本和德国的进口汽车打开了市场，人们看到这些国家的汽车比美国生产的汽车要好得多，导致这些美国企业失去了市场份额，纷纷倒闭。随着日本和德国的汽车制造商开始在美国密歇根州以外的其他州建立工厂，开始出现许多没有加入工会组织的高薪汽车工人。其他州的人们认为发生这种情况的原因也许并不仅仅在工资方面，还由于工人想要避开工会的条件，因为工会的条件变得越来越具有限制性。这种转变使工会组织的劳动力比例大大降低。

我认为，工会运动建立了一种人们在工作场合应如何被对待的标准，尽管这种标准各不相同，但总体而言，我认为这是一种永久性的改变。如今在美国，未加入工会的雇主基本上也能够合理地对待工人，某种程度上是因为劳动力市场已经相当紧张。值得注意的是，现在美国有超过700万个工作岗位仍有待填补，这侧面说明了劳动力市场是多么紧张。如果工会想重新获得地位，就必须更多地了解当今劳动者的不满和问题，并以建设性的方式解决这些问题。

（后期采访了一个问题，以下为具体内容）

您能想到一条让美国转向清洁能源的途径吗？对于全世界又如何？

我们最好能找到一条转向清洁能源的途径，避免气候变暖加剧。我们现在已经能够感受到气候变暖的影响。我最近读到优秀生物学家露西·夏皮罗（Lucy Shapiro）的一篇论文，她在论文中谈到，一些疾病是由于全球变暖而出现在此时此地的。随着气候变暖，热带疾病的范围向北移动，而我们无论是在诊断还是治疗方面都没有做好应对这些疾病的准备。所以，我们最好保持关注并采取行动。

我认为，几乎每个人都逐渐意识到，气候变化并不是一个骗局，它是一个现实。气候变化也不是即将到来的事，而是已经出现了。我们可以——而且必须——付诸行动来解决这个问题。作为经济学家，我倾向于从激励的角度思考问题，所以我一贯主张征收中性的碳税。如果想让人们少使用某样东西，就应该对其征税，然后让市场以最好的方式减少碳排放。

我们希望该税种是中性的，所以不会有财政拖累的问题。碳红利将以同等数额的美元支付给特定人群，比如每个有社会安全号码的人，使这一税种成为一种累进税。

我想这种方法会奏效的。世界各国正在采取各种措施。而电动汽车的时代也基本到来了。在我斯坦福大学校区的家里，屋顶上装有太阳能电池板，它已经帮我省下了很多电费，早就超过了其本身的成本。我本人驾驶的也是电动汽车，而电动汽车的耗电量甚至没有我的太阳能电池板产生的电量多。那么我的燃料成本是多少呢？零！何乐而不为呢？

罗伯特·索洛　Robert Solow

　　似乎没有任何经济理论可以证明，为什么像美国这样的经济体不能在稳态下——随着时间的推移或多或少地进行再生产——愉快地运行。这里使用"或多或少"一词并不是模棱两可的说法，而是考虑到只要总体趋势保持平稳，就有可能（而不是必须）出现新的商品和服务，而旧的商品和服务则会逐渐消失，但创造性和新颖性可以持续存在。也并不是说维持这种平衡是容易的事情——会存在一些困难的调整，其中既包括了社会学和政治上的调整，也包括了狭义上的经济调整，但这些调整都并不违反经济原则。

　　在大多数发达经济体中，人口的自然增长已经停止，因此很自然地，需要对人口的稳态进行思考。为此，忽略净移民的流入是合理的。富裕国家的净移民流入并不是现代资本主义的内在属性；它反映了富裕国家与贫穷国家在福利方面的巨大差距，以及似乎与贫困相伴出现的暴力政治的不稳定性。所以我们可以设想，我们思考的对象是一个人口不变的现代经济体，其中的每个人都会经历正常的生命周期：被抚养时期、工作时期和退休时期。

　　如果生产力是恒定的，恒定的工作人口将产生恒定的商品和服务供应，以及恒定的潜在收入。为了保持平衡，商品和服务的供应必须与需求相匹配。必须存在一个愿意购买产品和服务的买家。所有潜在收入都必须被消费。但不是每个家庭每年都要消费：比如在一个家庭的正常生命周期中，可能会首先贷款购买和装修房屋，然后攒钱偿还债务，随后建立起资产储备，最终在退休时花掉。但如果将每个人的储蓄加起来，国民储蓄必须为零。

　　在一个不断增长的资本主义经济体中，总的净储蓄将是一个正值，也就是说，并非所有的收入都被消费掉。如果净储蓄被净投资所抵消，则总体供需平衡得以维持。企业借入储蓄来购买新的生产性资产，如工厂、办公楼、牙医诊所、发电机、无人机。在我们假设的稳态下，没有净投资，所以总的净储蓄必须大致为零。如果居民一直想储蓄得更多，那么公共政策便不得不寻求方法来劝他们放弃这个想法：比如，对他们的部分收入征税，并将税收收入用于烟花表演、室内音乐演出或儿童保育（当然，偶尔也会出现不平衡的情况。无论是稳态的经济还是增长的经济，都不是一台运转良好的机器——资本主义运转得并不良好，而且它不是机器）。

　　大多数对经济增长的衡量方法都是有缺陷的，即便是无处不在的GDP也没有考虑建筑物和机器的折旧问题。更重要的是，不可再生自然资源不可逆转的消耗，以及对潜在的可再生资源可逆转或不可逆转的损害，都因被忽略而没有纳入衡量。此类疏忽往往对于更依赖自然资源开发的贫困国家来说更为重要。即便如此，一个以稳态平衡为目标的富裕国家应该注意，如果衡量体系中纳入了资源耗损和环境破坏，那么经济体并没有真正走下坡路。我们需要采取更主动的测量方式和更慎重的政策。

　　相比稳态的经济，增长中的经济体能提供更多社会流动和收入流动的机会，这一点似乎是有道理的。但因为没有可用数据，所以很难真正确定。然

而，旧产业的扩张和新产业的出现可能会导致收入和社会地位的分配出现上下波动。稳态经济的社会有可能面临僵化的"世袭制"等级制度出现的风险。

这种情形不但本身令人厌恶，而且对民主也很危险。为了避免这种结果，我们需要采取积极的政策来促进社会流动。

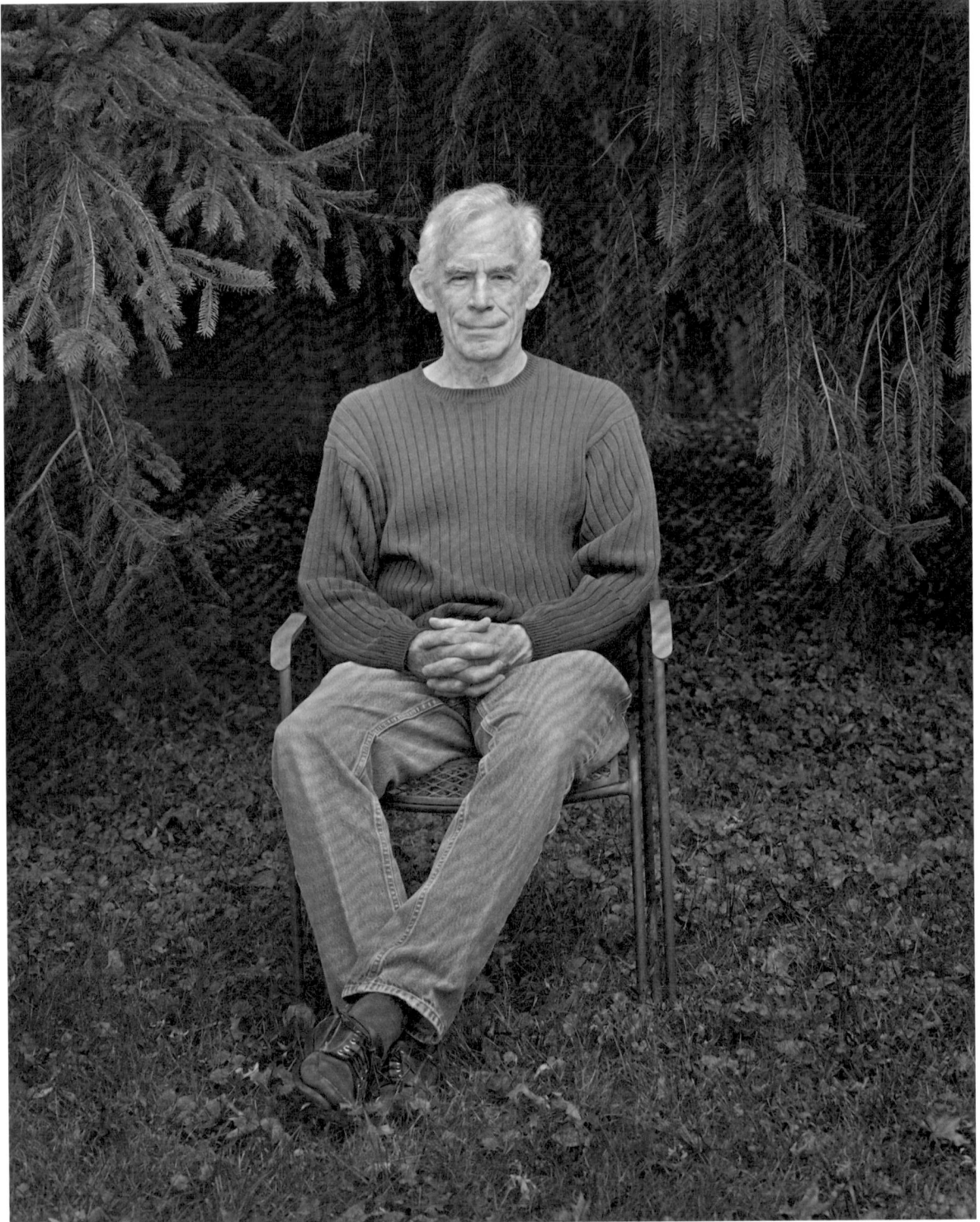

克里斯托弗·西姆斯　Christopher Sims

20世纪后半叶，大多数富裕国家都曾尝试用一种简单的制度来协调货币和财政政策：货币政策保持"独立性"，由非政治化的中央银行管理，负责控制长期通货膨胀，同时也可能要提供反周期的经济刺激；财政政策的目标则是保持长期预算平衡，同时也可能要提供反周期的经济刺激。只要利率不跌至零，这样的体系就能发挥作用。而如果利率真的降至零点，通常是高失业率和低通胀的时期，货币政策无法用利率这个主要工具控制价格水平，那么就需要采取扩张性的财政政策了。如果各国政府能够普遍认识到这一点，相关政策就很容易实施，但很可惜，这种普遍认识并未达成。出于某种原因，即使在零利率和低通胀的情况下，政府也倾向于采取紧缩性的财政政策。

如果决策者不了解上述情况，一个可能的结果是，选民出于失望会选出一个认为财政赤字不重要的政府，一个没有做融资计划应对巨额赤字产生债务的政府。这将结束低通胀和低利率的时期，但很可能使经济走向另一种财政－货币政策不匹配的病态。如果通胀加速、利率上升，政府就需要发布一些财政紧缩措施加以应对。否则，利率的上升将无法抑制通货膨胀的趋势。

迈克尔·斯宾塞 Michael Spence

"二战"后，一些发展中国家首次出现了真正的持续增长。经历过惨痛的教训后，能够促进经济增长的主要因素已经广为人知。因此，人们期望这种持续的增长模式能扩展到大多数较贫穷的发展中国家，但这一愿景并没有实现，至少目前还没有。人们可能会追问，既然相比50年前，我们对支持高增长模式和减少贫困的各项因素都有了更清楚的认识，为什么还有许多国家停留在低增长或无增长模式中呢？

理解贫穷国家面临的一些实际挑战，有助于解释发展中国家之间的这种差异性。但最简单的通用性回答是——知道应该做什么并不意味着能把所有事情轻而易举地安排好。恰恰相反，其中的挑战是非常艰巨的。

持续高增长的要素之一是高投资率，这一因素影响了GDP的25%~30%，其中包括对公共和私人投资方面重要的补充部分。投资意味着推迟消费和储蓄。一般来说，出于多种原因，大量使用外国储蓄为投资提供资金的做法结果并不理想；而来自国内资金的投资又是以减少当前日用必需品的支出为代价的。当人们非常贫穷时，这是一个很难作出的选择。

难以实现增长的国家，其经济困境与收入和财富不平等水平之间存在高度的相关性。经济力量的集中往往导致政策议程更多倾向于维持现状和财富所有者的利益，而不是以增长和减贫为导向。换句话说，经济增长这一议题是次要的，同时"包容性"这一促进持续高增长的关键因素也被忽略了。在某些情况下，不包容、低迷的增长模式会导致民粹主义卷土重来。

虽然民粹主义可能会以有益的方式改变政策议程，但往往也会引向另一套抑制增长的政策——抑制投资的激进的再分配政策，并且累积债务至不可持续发展的水平。

实现经济成功增长的一项关键因素是政府善治，大致分为两部分：能力和良好的意愿。二者都十分重要。那些不以经济长期包容性增长为政治目标的政府，不会在基础设施和教育方面充分投资，因此无法推动强劲的经济和就业增长。通常情况下，这些政府均未与全球经济、全球经济市场和技术建立充分的联系，而根据经验，在增长的早期阶段，这些因素恰恰都是重要的催化剂。

但是，即使政府抱有良好的意愿，也会在达成一些必要条件的方面遇到困难。明白基础设施的重要性是一回事，而在有限的资源下明智地选择、有效地实施则是另一回事。同样，开放经常账户和资本账户的顺序和节奏也需要相当专业的技巧。即使是成功的发展中国家也曾在这些问题上面临过挣扎，但通过边做边学、及时纠正错误，加上有时利用开发银行的外部专业知识，这些国家逐渐取得了进步。

原则上，自然资源是可以用来提高投资和加速经济增长的资产。但是，自然资源财富往往扭曲了政治动机，会引发腐败问题，引起对财富所有权的争夺，促成与创造和维持经济增长关系不大的政策议题。这就是所谓的"资源诅咒"。相比亚洲，非洲的自然资源财富异常丰富。牛津大学的保罗·科利尔（Paul Collier）是研究非洲经济增长和发展的专家，他认为，自然资源财富对一些非洲国家的增长来说是一个主要的阻力。值得注意的是，持续的高增长和自然资源财富之间的相关性明显为负，这也进一步证实了上述观点。

最后，人们普遍错误地认为，论及增长时，政府治理的形式具有决定性作用。发展中国家里有许多成功的案例，其中既有民主方面的，也有专制方面的。许多公民可能为了自身利益而偏好民主形式，这一点是值得尊重的。但经验告诉我们，民主国家和专制国家一样，也会被腐蚀。"二战"后的信息表明，政府治理的形式对于增长来说既不是必要条件也不是充分条件。我们需要的是一种治理结构，这种治理结构能坚持不懈地追求长期公共利益，并且随着时间的推移不断学习、适应，逐渐变得更加有效。

尼古拉斯·斯特恩　Nicholas Stern

简短的答案是，有。应对气候变化和克服世界贫困是21世纪的两个决定性挑战。如果其中任意一个失败了，那么另一个也不会成功。正因为认识到我们能够且必须将这两者结合起来，才促成了2015年一个新的全球议程的成功构建：9月，各国在联合国就2030年可持续发展目标（SDG）达成一致；同年12月，又在巴黎达成了历史性的协定《联合国气候变化框架公约》，同意将全球温度上升控制在远低于2℃的水平（相对于19世纪末的标准基准）。

从世界整体的角度来看，我们目前每年排放约500亿吨的温室气体。如果我们要保持在"远低于2℃"的水平，则必须在约50年的时间内将温室气体的年度排放量降至净零。如果一切按照目前的水平发展，那么在未来一个世纪左右，气温将上升4℃以上。根据各国在巴黎提出的2030年的排放计划，考虑所有国家的总和，气温可能会在未来一个世纪左右增加约3℃。世界已经大约300万年没有发生过气温上升3℃的情况。而3℃、4℃或5℃的气温上升，将引发海平面、洪水、风暴和飓风、沙漠等发生根本性的变化，从而重新定义我们的生活地点和方式。届时将有数亿，甚至是数十亿的人不得不举家迁徙，从而引发严重、广泛且持续的冲突。其中的利害关系是巨大的。

我们要达到巴黎协定的目标，就必须在未来20年内将每年的温室气体排放量减少至少30%。此外，在减排的同时，世界经济会以3%的增长率继续增长，世界经济将大约翻一番，全世界的基础设施也将增加

一倍以上。这样来看，达成减排目标需要快速和彻底的变革。但好消息是，这种变革不仅可行，而且很有吸引力。

变革的核心将会是可持续的基础设施建设。基础设施的建设及其使用约占温室气体排放量的2/3。而大约2/3的基础设施增长存在于欠发达国家和地区，当然，发达国家在重建本国的基础设施方面也有大量的工作要做。为了使这种新的基础设施具有可持续性，我们必须设法处理城市中严重的污染和拥堵问题。这些问题要求我们更高效地利用资源，特别是能源，其中会涉及向新型零碳能源的迅速转换。

现在我们已经能看到电力行业中的迅速变革。在世界许多地方，太阳能和风能等可再生能源的发电量已经超过了化石燃料。我们可以看到城市设计开始发生变化，这种变化会随着现代公共交通、自动驾驶汽车、非化石燃料汽车以及更智能、更高效的建筑发展而加速。我们可以看到钢铁和水泥等行业也开始走向变革。当然，我们必须改进对森林、土壤和海洋等的管理，它们是实现净零排放的关键，并通过其自然生态系统和水循环，为我们提供了极为宝贵的资源和食物。

上述所有内容都需要良好的经济政策才能实现。我们明白在解决关键的市场失灵问题（温室气体排放造成的巨大损失）时必须做什么；但也需要理解研发回报不足，运作失灵的资本市场，电网、公共交通和回收利用等网络的运作，以及空气颗粒物污染等。考虑到上述所有情况后，我们可以看出哪些经济政策是必要的。此外，如果要通过激励产生足够规模的正向

投资，这类政策在中期内应该保持明确性和可靠性，这一点至关重要。因此，我们需要能够描绘出方向感和承诺的战略与目标，以及能够在政策方面赋予公众信心的制度。

我们需要能够为实现投资和管理风险带来正向资金的金融系统。私营部门会为大部分投资提供资金，但多边机构和国家开发银行必须发挥关键作用，不仅为投资提供资金，还要树立榜样，提振信心，协助政策和能力建设。

从世界整体的角度来说，我对我们能作出的改变持乐观态度并抱有信心。无论是在发达国家，还是在新兴市场和发展中国家，未来可能对我们所有人来说都是非常有吸引力的。21世纪，我们可以直面应对气候变化和克服贫困双重挑战。我们未来会作出什么改变，现在是一个政治意愿的问题，而这取决于我们所有人。

约瑟夫·斯蒂格利茨　Joseph Stiglitz

在过去的40年里，美国的不平等现象严重加剧，特别是在罗纳德·里根总统上任以后。处于社会顶层的人攫取了整个国民收入增长的很大一部分，而底层人士的收入却在下降。实际工资（根据通货膨胀调整后计算）目前大致处于60年前的水平。一个普通的全职男性工人——拥有全职工作已经算是幸运的了——其根据通货膨胀调整后的薪资，与40多年前的水平相同。

对各国的观察表明，美国的不平等程度（扣除税收和转移支付后）超过了其他所有发达国家。一些国家已经能够将不平等状况维持在一定水平，防止其加剧，少数国家甚至能够设法减少不平等情况。正如自然法则是全球通用的一样，全球化的力量和技术的影响也是如此。因此，目前观察到的不平等水平的差异，取决于不同国家所推行的政策。简言之，不平等状况及其加剧并非源自不可改变的自然规律，而是人类规则影响的结果。这些都可以很容易地被改变。因此，在这个意义上，不平等其实是一个选择问题。

美国的法律偏向于帮助富人，而不是帮助中间阶层，更不用说底层的人了。由于对资本收入——特别是资本利得和股息——设置了优惠待遇，高层人士支付的税款与他们的收入并不相称。他们可以采取多种避税手段，并能够利用避税天堂和保密港（便于逃税和避税的岛屿和其他管辖区）进行操作。对跨国公司征税的整体制度为他们提供了便捷的途径，使他们可以通过将资金和金融活动转移到低税率地区，来避免缴纳自己应付的税款。

事实上，我们的整个法律框架已经变得更向富人倾斜。工人们如今更难聚集在一起，进行有效的集体谈判。此外，全球化的规则也变相削弱了工人的议价能力，随着新技术越来越多地取代非熟练工，各行各业的工人都面临着困境。

同时，垄断力量亦有所增长，这不仅是因为技术的变化——技术进步为垄断势力提供了更大的空间，例如在高科技产业——还因为竞争监管机构态度松懈，没有跟上技术变革的脚步，也没有跟上企业为创造、增强、使用和争取市场力量而设计的创新方法。首席执行官和董事会中的其他成员利用国家在公司治理体系中的缺陷，以牺牲工人和对公司未来的投资为代价，提高自己的收入。现在，破产法已经修改，规定公司如有未偿付债务，那么对于公司的可用资源，出售高风险衍生品的金融机构拥有优先索赔权，而不再像过去一样，给予员工优先索赔权。这样的法律规定也造成一个后果：对于试图通过接受高等教育出人头地的人，如果遭遇公司破产，就几乎不可能获得赔付金，无法清偿学生贷款。

我们的经济体系使得有利地位更容易在代际间传承。因此，处于底层的人也更有可能一直留在底层。光凭一个无力而低效的遗产税制度不足以阻止财阀的产生；相反，财阀的家族成员仍然能够将其优势地位代代相传。

美国和其他一些国家中出现的不平等现象，特别是极端形式的不平等现象，不利于整体经济的表现。

抛开政治因素不谈，缩小极端水平的不平等问题是很容易的，因为不平等问题在很大程度上是"人定法"造成的结果，我们需要做的就是修订这些法律，例如，使我们的税收制度更具进步性，使我们的竞争法与时俱进并切实执行这一法律，以及更新有关劳工、全球化和公司治理的法律。这样做不仅能够创造一个更平等的社会，也会使经济体更富有生产力。

让·梯若尔 Jean Tirole

21世纪的工业革命是由"多面平台"引领的。世界上的7家大型公司（苹果、谷歌、微软、亚马逊、脸书、腾讯和阿里巴巴）和许多成功的创业公司（爱彼迎、优步等）都是这样的平台，它们将寻求互动的不同用户群体（卖家和买家、用户和开发者或广告商、乘客和司机）聚集在一起。这些平台通过这种"中介"过程收费并收集数据，提供了极好的新型服务，但也从大量的网络外部性中受益。我们上脸书是因为社交网络中有我们认识的人；我们用谷歌搜索引擎或Waze导航应用程序是因为其他许多人也这样做，这也为他们的算法提供了更多的数据，改进了他们的服务；我们使用缤客网（Booking.com）或亚马逊是因为在他们的平台上我们可以一站式获取需要的商品。诸如此类的网络外部性倾向于创造垄断或紧密型的寡头垄断。这种演变也带来了威胁：超级明星公司攫取了大部分盈余；他们可能会设置进入壁垒；工资不平等可能进一步加剧。我们准备好迎接这些挑战了吗？

有些人提议通过拆分平台来驯服平台市场力量。然而，与过去拆分美国电话电报公司或电力公司不同，平台的技术变革非常迅速，许多服务的基础数据是所有服务通用的。但为了保持市场的可竞争性，我们必须防止科技巨头吞噬他们未来的竞争对手。当然，说起来容易做起来难，因为在很多时候，我们无法获得必要的数据，无法确定某个初创企业是不是大厂的有力竞争对手。

科技巨头的捆绑行为也值得关注。可能成为巨头公司有力竞争者的初创公司一般都会从某一个细分市场内进入，但很难同时进入所有细分市场。捆绑行为可能会阻止有力的后来者进入细分市场，使其无法挑战当前技术的既得利益者。同样，我们也无法通过实施简单直接的政策来解决这一问题，因为反垄断过程可能是缓慢的，而这些行业的发展非常快。

另一个反垄断问题是，大多数平台提供最优价格保证，也称为"最惠国待遇"或"比价"条款，保证用户通过指定平台能获得最低价格，因为平台已从商家那里获得了"最优价格"。这听上去对消费者来说是件好事，但如果平台上囊括了所有商家或大多数商家，而且保证消费者在平台上能获得最低价格，那么消费者就没有动机去其他地方搜寻；消费者已经成为其"独家"客户，因此平台可以向商家设置高额的客户获取费用。有趣的是，由于各处价格统一，这些费用由平台用户和其他非平台用户共同分担了——也就是说，每个平台都成功地对其竞争对手"征税"！这对竞争来说是个大问题。但是，只要有行动的意愿，就会有解决的方案。

最后，还有一个棘手的问题，那就是数据所有权，这将是进入由人工智能驱动的创新领域时的一个障碍。目前关于数据所有权问题，存在数据归平台所有（现状），还是应以用户为中心（前景）的讨论。这个问题不被人重视的程度令人惊讶，学术界应该努力在这个主题上取得进展。

距离《谢尔曼反托拉斯法》颁布已有约130年，现在经济学家需要重塑反垄断能量，必须向政府机

构提供能够驯服市场力量，而又不扼杀创新的政策建议。

经济学家还必须更广泛地面对新经济给社会契约带来的巨大挑战。为避免歧义，我解释一下：虽然技术变革将持续带给我们更多的财富和更好的医疗保健服务，但我们不能在监管方面偷工减料——无论是通过防止人寿保险公司使用数据和算法来筛选风险，还是保护投资者不致冒险投资于加密货币泡沫，或是监控那些没有自己股权的众筹平台。我们也必须设计新的工人保护形式；"万灵药"并不存在，但教育、再培训、再分配和国际合作都将是防止社会深度萎靡的关键因素。

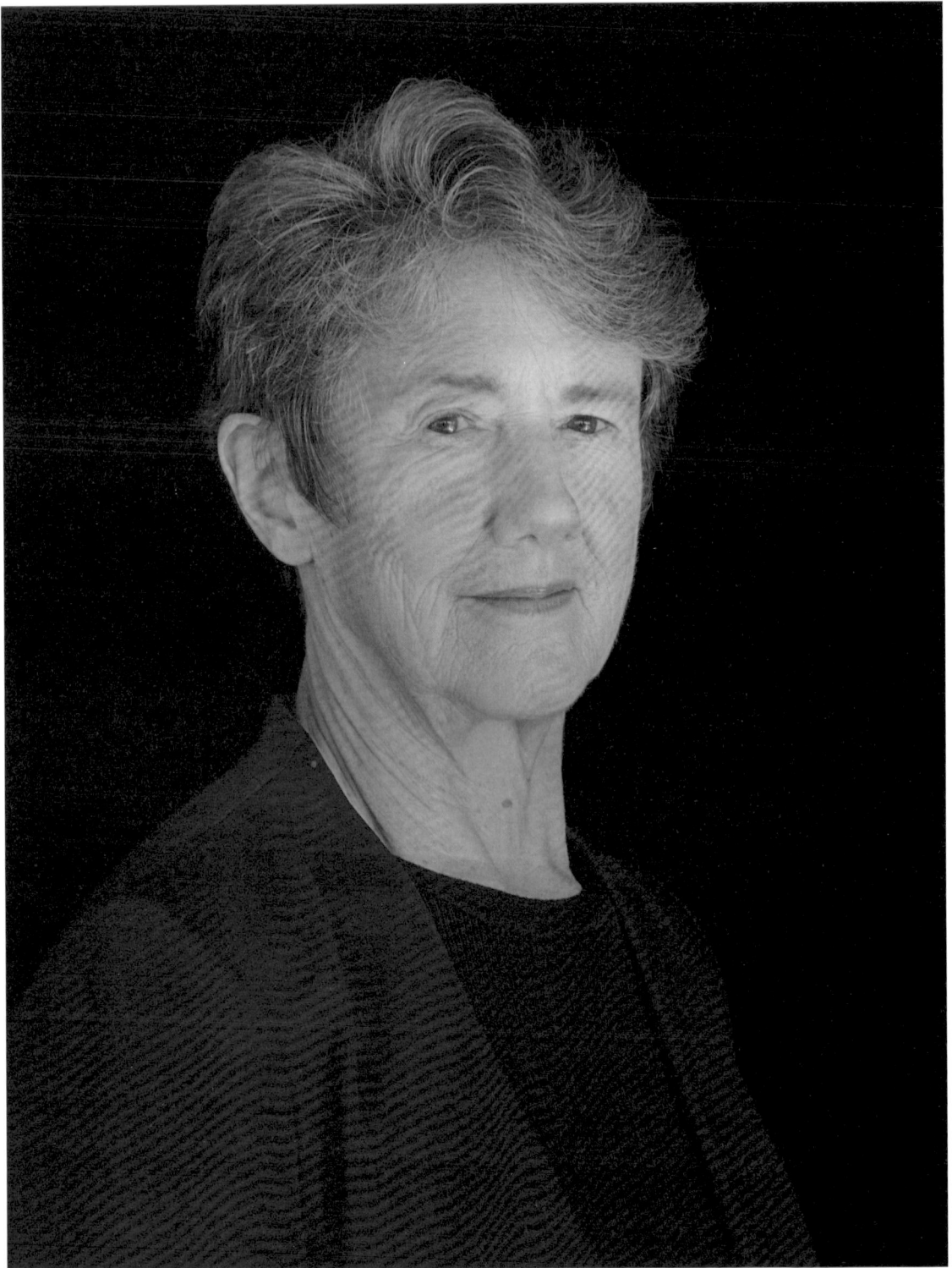

南希·斯托基 Nancy Stokey

随着时代变迁，不同技能或职业类别之间就业和薪资水平的差异出现了变化，而工种本身也一样充满变化——"马夫"消失了，"汽车修理工"出现了。引起这类变化的主要原因之一是技术的进步，另一个原因是，随着收入的增加，女性进入劳动力队伍的人数增多，以及收入分配的变化，消费需求模式发生了变化。社会变得越来越富裕，我们在食品等必需品上的支出占收入的比重越来越小，而旅游和娱乐的比重则增加了许多。随着更多的女性外出工作，市场对儿童看护、家具清洁和食品准备服务的需求也在增加。而由于收入不平等的加剧，对管家、园丁等其他服务的需求亦有所增加。

在过去的25年中，许多中等职业的就业和薪资水平，相对于收入分布位于顶层和底层的职业来说，要么有所下降，要么增长非常缓慢。许多"消失的"工作是制造业熟练的蓝领工作和文职工作。与此同时，收入分布位于顶层和底层的职业的就业和薪资水平却增长得相当迅猛。收入位于顶层的职业包括经理、医疗、其他专业人士以及技术专家；收入位于底层的职业则包括各类服务性岗位，如旅馆和餐馆工作人员等。

是什么导致了这种转变呢？许多"消失的"工作岗位其实已经实现了自动化：机器人取代了装配线工人，计算机取代了开票员。此外，一个世纪以来，随着收入的提高，由于需求不可避免地逐渐从商品转向服务，导致制造业整体上一直处于缓慢的衰退状态。除此之外，一些剩余的制造业工作岗位也已经转移到国外。

这些工作还会回来吗？似乎不太可能。机器人和计算机是不会消失的，相反我们可以预期它们会在未来被普遍应用。拿我自己所在的行业来说，在线教育未来肯定会给传统高校带来越来越大的竞争。

在长达数个世纪的时间里，社会的职业结构和工资结构几乎没有改变，绝大多数就业集中在农业领域，同时绝大多数的人口处于赤贫水平。自工业革命开始改变就业模式并提高收入后，职业结构和工资结构的变化就成了常态。蒸汽机、内燃机、电动机的出现都引发了生产方式的重大变革。

社会应通过一些有益的方式来应对技术变革：首先，应该认识到我们不能让时间倒流；其次，可以着手帮助被解雇的工人掌握新的工作技能，并确保新加入劳动力队伍的人有能力从事未来的工作。这样一来，我们可以期待有进取心的创新者发现新的产品和服务，以填补职业分工中缺失的部分，就像历史上发生过的那样。

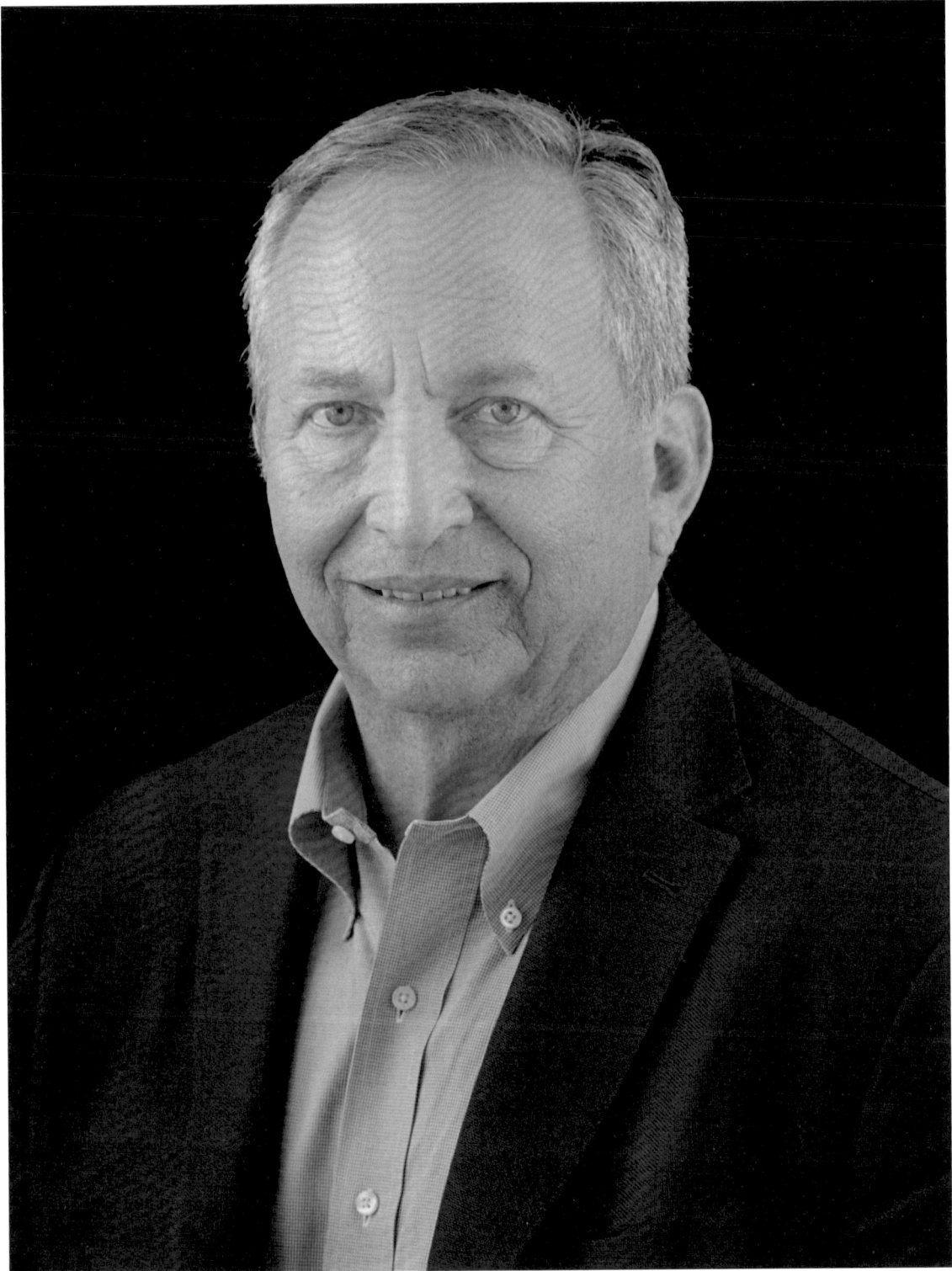

劳伦斯·萨默斯　Lawrence Summers

一个人长寿并不意味着其一定取得了高成就。同理，虽然此次大衰退后的经济扩张期是有记录以来的33个经济周期中第三长的周期，也可能是有记录以来最长的扩张期，但从大多数客观的衡量标准来看，这是一次非常令人失望的经济复苏进程，其"令人失望"特别体现在低迷的起点上。即使是现在，劳动力和其他市场也几乎没有紧缩的迹象。如果说经济扩张时间的拉长使得今天的经济体异常"健康"，那么从某种意义上说，这也是之前的经济疲软所带来的反常后果。

我认为，尽管此次经济复苏历时较长，却缺乏活力，利率水平也长期处于低位，这类表现能够支持阿尔文·汉森（Alvin Hansen）最初在1939年提出的"长期停滞"假说。该假说认为，发生这类情况是由于市场的投资动力不足，没有足够的需求来吸收所有的储蓄。

在汉森发表假说时，长期停滞其实并没有发生，因为战争开支带来的经济刺激终结了大萧条时代。但无论是当时还是现在（尤其是现在），长期停滞都是一个合理的假说。目前，实际利率长期处于低水平，这表明储蓄和投资的供需平衡发生了根本性的变化，与长期停滞理论的预测一致。

当前的许多趋势都可能对低利率起到促进作用，并带来长期停滞的危险。首先，人口增长显著放缓，在适龄工作人口方面体现得尤为突出。其次，数十年来女性劳动力参与率不断提高的长期趋势可能已经走到尽头。同时，技术的进步使得市场上对许多类型的实物投资的需求减少。此外，即使整体储蓄和未分配利润相对于历史平均水平来说并不高，不平等的加剧还是增加了储蓄供应。而且，许多龙头企业的现金持有量也远超其拥有的投资机会。

此轮复苏必然会走向终结，可能到下个月、下一年，或是21世纪20年代以后的某个时候。而当复苏时期结束时，其长期低增长和低名义利率的特征可能会加大后续经济衰退期的管理难度。

理查德·塞勒 Richard Thaler

标准经济理论最基本的特征是，人们通过优化的方法来作选择。也就是说，消费者在面对所有自己能够负担得起的商品和服务组合中，会选择其中"最好的"一种。企业同样采用优化方法，选择最有效的生产过程并制定合适的价格，来实现利润的最大化。经济学与其他社会科学的区别除了对市场的关注外，正是体现在其关于优化方法的这一假设上。但经济学的这种特征也是一个关键问题的核心：经济学家会将最优化假设应用于两项不同的任务，而它只适合解决其中一项任务。这两项任务分别是：（1）描述一个问题的最佳解决方案；（2）预测大多数人会如何解决这个问题。

举一个具体的例子，考虑一个找工作的问题。假设查理失业了，开始找一份新的工作。他偶尔会得到一些工作邀约，而他必须迅速地回复是否接受邀约。如果查理回复"是"并接受了这份工作，那么他会停止找工作（至少在一段时间内）。为了使问题更易于处理，经济学家会作一些额外的简化假设，通过建立模型来确定查理的最佳策略。解决方案会根据当前的经济环境，准确地评估查理的市场价值。查理可以采取的一种策略是，确定一个合适的最低工资（在已选择了其他工作标准的基础上）后开始找工作，直到找到这样的工作机会，或者直到他意识到自己应该降低

期望值。为这类问题寻找好的解决方案是一项相当有成效的工作。因为无论是个人还是组织，都会经常面临类似的困境，例如，企业会面临招募新员工或寻找新的供应商的问题。

而预测查理在找工作时实际会怎么做，就是另一项完全不同的工作了。比如，查理可能过于在意对标自己以前工作的薪资水平，即使他工作过的公司已经倒闭了，类似的工作选择也很少；或者他可能对自己的工作前景有夸大（或贬低）的看法。再如，他可能会过分压缩自己的求职范围，错误地认为只要某一份工作与自己上一份工作差别很大，就完全不考虑，等等。在实际情景中，查理不采用优化方法而选择其他策略的可能性不胜枚举。但在一个仅仅基于最优选择的模型中，上述所有因素都将被忽略。

因此，我对经济学界的一个期望是，我们需要明确认识到一种理论不能同时满足两种目的。之所以存在锤子和螺丝刀两种发明，就是因为不同的任务需要使用不同的工具来完成。研究描述性理论的学者仍然要掌握优化的艺术，但也需要发散思维，了解人们在实际中会采用的各种次优策略。社会科学其他分支的研究结果以及一些处理大数据的新工具（如机器学习）可能对完成这项任务有所帮助。此外，抽出一些时间，观察现实中人们的行为，也会对研究有所帮助。

哈尔·范里安 Hal Varian

30 多年前，我写了一本关于微观经济学的本科教材，现在已经出到第 9 版了。一位同事曾向我解释说，当出到第 10 版时，"拥有一本成功的教科书的感觉就像你和一个不再那么喜欢的有钱人结婚了"。

这倒是真的。出版商希望你每隔三四年就出一个修订版，但有时很难拿出完全新鲜的东西来。这个问题很像拉塞尔·贝克（Russell Baker）写报纸专栏的经历。他说道："在接到通知说我现在可以自由地每周写三篇专栏，内容可涉及地球上的任何主题后，我感到很兴奋。在记者们的约束下生活了 15 年之后，我终于可以自由地吐露我大脑中的全部内容了。但在第三个和第四个星期之间的某个时候，在写了不到 12 篇专栏之后，我发现一件可怕的事——我现在已经把脑子里的东西都倒出来了，但下一个专栏的截止日期马上就快到了。"

我很幸运，我有两个重大的突破。第一次是在 2001 年遇见埃里克·施密特（Eric Schmidt），那时他刚加入"这家叫谷歌的可爱小公司"不久。他邀请我去那里待一段时间。我以为我会在那里待上一年，然后写一本关于硅谷创业公司的书。好吧，如今已过去 20 年了，我还没抽出时间动笔写那本书。

但是我确实学到了很多。

我把在谷歌学到的很多东西都融入我的教科书中。我写了几个新的章节，专门讨论网络效应、拍卖设计、匹配机制和转换成本。我还对旧的章节进行了更新，来解释边际成本和边际价值等主要概念的新应用。

但是，即使如此充实的想法最终也还是消耗殆尽了，所以在修订过两三个版本之后，我又开始努力寻找一些新的内容。

然后我又走运了：大萧条出现了。我的书是关于微观经济学的，而非宏观经济学，但即使这样，经济体中突然出现的很多问题，却不知为何没有出现在教科书中。我怎么会错过讨论"交易对手风险"或者"金融泡沫"的大好机会呢？这些问题在经济安稳运行的时期很少被提及，但当金融危机来临时，似乎每个人都在谈论它们。所以我在教材中又加入了一些关于这些话题的讨论。

显然，我还需要用更多的篇幅来讨论行为经济学。这一领域不仅已经成为主流，而且其中的概念显然能够帮助我们理解经济现实中发生的事情。

人们经常问我，"教科书经济学"是否与谷歌这样的企业有关联。毫无疑问，我的回答是"有关联"。了解需求和供应等非常简单的工具，对于理解一个行业中的经济力量而言是至关重要的。当新技术带来了重大的变化时，拥有一个连贯的理论就更加重要，因为在这种时候尚未出现公认的规则可以应用。

除了理论之外，企业还需要测量。今天，有了传感器和系统的支持，收集数据的价格已经变得比从前更加低廉。一旦拥有了合适的测量值，便可以进行分析和实验。谷歌每年会做约一万个实验；随后将从这些实验中获得的知识反馈到设计中，使产品的供应得到持续改进。

威廉·吉布森（William Gibson）曾说过，"未来已经触手可及，只是没有平均分配而已。"的确，目前只有相对较小一部分公司能够借助新技术有效地应用建模、测量、分析和实验工具。但这些技能正在经济体中不断扩散，随着更多人掌握和运用相关技能，会有越来越多的人有机会接触到未来的现代化图景。那就来吧!

海蒂·威廉姆斯 Heidi Williams

2010年美国出生的婴儿中，每1 000个婴儿中就有6个会在一岁生日前夭折。这样的婴儿死亡率远远高于几乎其他所有类似经济发展水平的国家。英国、捷克和芬兰的婴儿夭折率分别约为千分之四、千分之三和千分之二。那么，为什么美国的婴儿死亡率如此之高？

一种理论认为，这个"事实数据"根本不是事实，而是国家间的报告标准存在人为差异。人们关注的点在于，在美国，极度早产儿可能被记录为活产，而其他国家可能会记录为流产或死产。从这一点来说，由于存在报告标准的差异，因此美国的婴儿死亡率相比其他国家可能会显得较高，这是人为的结果。可是，这一理论并不能完全解释数据的成因。不同国家之间的确存在报告标准的差异，而且对量化结果的影响很大，但即使去除这种差异的影响，美国的婴儿死亡率也明显高于相仿国家。

如果考虑美国在拯救高危新生儿生命的医疗技术上投入了大量资金这一事实，美国在婴儿死亡率方面的劣势就更加令人费解了。作为一个对技术变革感兴趣的经济学者，我的许多研究都集中在医疗技术上。例如，我曾分析，为出生体重极低的新生儿提供额外的医疗服务对其死亡率有什么影响。对于这些婴儿来说，即使是非常昂贵的医疗干预措施，相对于能拯救的生命价值来说，似乎也是"值得的"。然而，尽管我认为这类证据表明，高成本的医疗技术可以拯救生命，但我推测，医疗技术的跨国差异还是很难解释婴儿死亡率的跨国差异。正如经济学家维克多·福克斯（Victor Fuchs）所说的："要理解……健康水平的差异，最重要的一点是，这种差异通常与医疗服务的差异没有重要关联。"

但至此，我仍然没有回答这个问题：为什么美国的婴儿死亡率如此之高？为了弄明白这一问题，我利用美国和四个欧洲国家（奥地利、比利时、芬兰和英国）的出生数据进行了一些研究。对比出生体重（一种常用的衡量婴儿出生时健康状况的标准）相似的婴儿，美国的死亡率相比上述四个国家高出许多。但是，美国和这些国家的新生儿死亡率，即出生后第一个月内死亡的新生儿比例，却几乎没有差别。美国和这些国家之间最显著的差异表现在新生儿后期的死亡率上，即出生后第一月至十二个月内死亡的比例。简单地说，对比出生体重类似的婴儿，他们出生后第一个月的数据十分相似，但出生后一年内的死亡率却表现出了差异。

因此，我认为关键的问题其实是：为什么美国新生儿的后期死亡率如此之高？我并不清楚。但我了解到一个线索，也是一个重要的事实，那就是这种高水平的新生儿后期死亡率的分布是相当不均衡的。美国社会经济地位较高的母亲（如受教育程度较高的母亲）诞下的婴儿的死亡率，与欧洲社会经济地位较高的母亲诞下的婴儿的死亡率相似。而美国社会经济地位较低的母亲诞下的婴儿的死亡率比欧洲社会经济地位较低的母亲诞下的婴儿的死亡率要高得多。也就是说，美国的医疗不平等问题（或者说所谓的"医疗梯度"问题）要严峻许多。

这些事实表明，从政策角度来看，仅仅关注并致力于改善婴儿出生时的健康状况（如扩大产前护理的覆盖率）是不够的。而对社会经济地位较低的群体制定产后帮助政策，如家庭护士访问计划，可能是降低美国婴儿死亡率的一个有效途径。

保罗·沃尔克 Paul Volcker

在这里，我们能看到一幅立于寒冬的年长绅士的肖像。

他将人生的大半时间用于关注金融市场的稳定性，以及威胁经济增长的经常性故障。

很多时候，政府不得不出面恢复秩序，发布新的法规并提供新的资本，来"挽救"一些大银行，使其不致陷入"失败"的困境。所以，完全可以理解纳税人（普通公民）对这种模式的担忧。有些机构仅仅因为规模太大而不能让经济体乃至社会承受倒闭的结果（"大而不能倒"），这似乎不公平。

好吧，肖像中的"老人"和纳税人已经看厌了这类事情。所幸新的法律已经生效，这可以标志着纳税人不再支持"大而不能倒"的银行机构。而我们的任务是确保一直有效地实施这些法律——这正是肖像中的"老人"眼神坚定的原因。

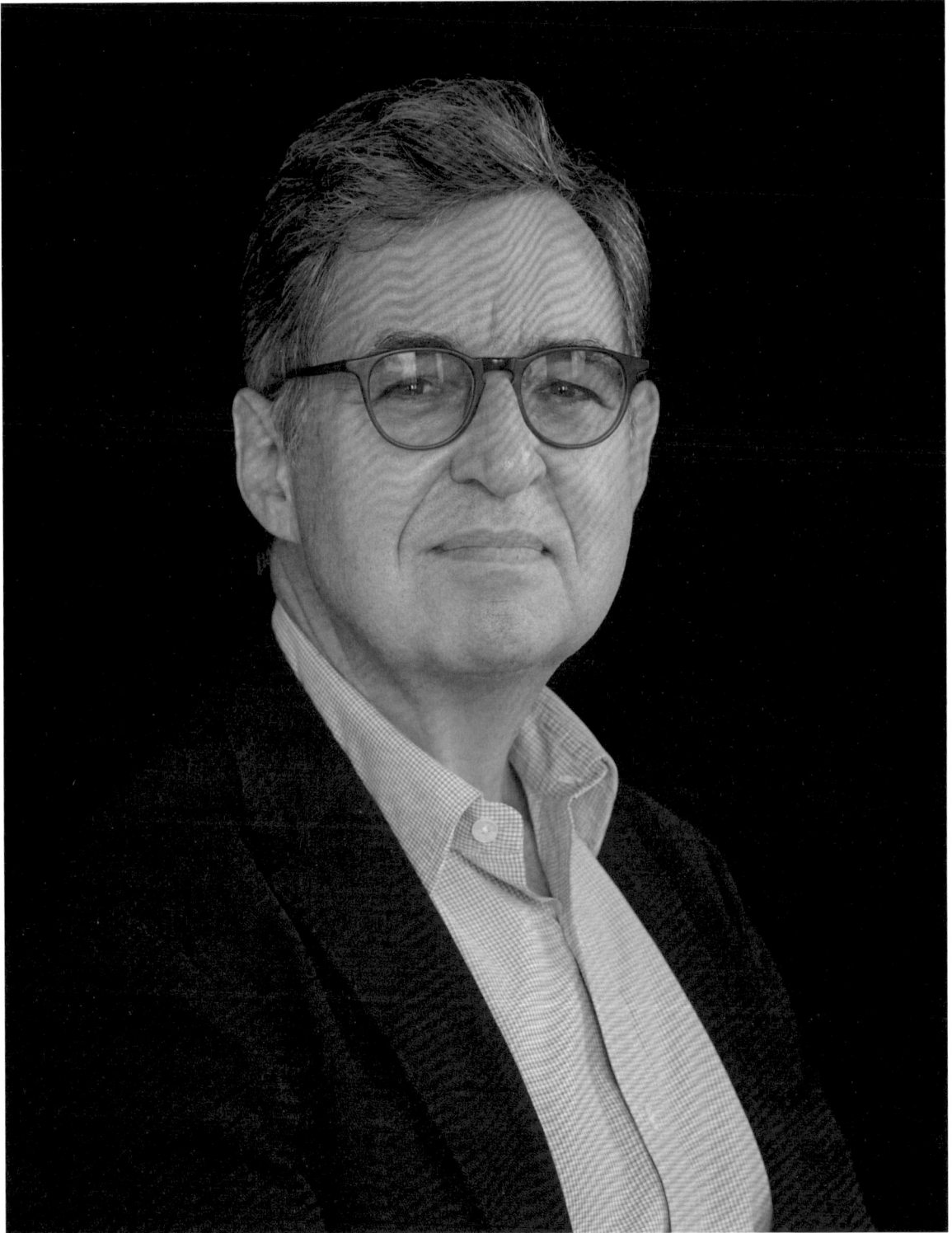

迈克尔·伍德福德 Michael Woodford

虽然通货膨胀是美联储官员非常关心并密切关注的一个变量，但即便是在最理想的情况下，美联储通过下达政策对通胀率施加的影响力也是相对间接的。而且，这种影响是不对称的。美联储对如何强制降低过高的通货膨胀率有相当清晰的认识，如大幅提高利率，或效仿其在 20 世纪 80 年代初的做法，采取其他收紧信贷的措施等。尽管如此，当面对通胀率过低的情况时，美联储提升通胀率的能力会受限于一个事实——利率不能降至零，这也是 2008 年金融危机后的几年间，美联储在向目标前进的道路中的一项重要制约因素。

矛盾的是，美联储 2012 年正式宣布的 2% 的通胀目标，反而可能导致其实现目标通胀率的能力受阻。30年来，美联储一直致力于提高公众对其能够维持通胀率稳定、不过高的信心，因此，设置具体的目标通胀率数字是一个自然而然的走向。可以说，在 20 世纪 70 年代末的工资—价格螺旋上升发生前，如果当时的民众对美联储抱有信心，相信其在必要时会采取果断行动遏制通胀，那么最终的高通胀情况就不太可能发生。数十年来，民众一直呼吁美联储作出更坚定的表态以防止这一历史重演，终于在 2012 年，美联储承诺了一个通胀的数字目标，但与当年的情况已经大不相同了。

在金融危机后的很长一段时间里，美国经济急需解决的问题不再是名义支出过高，而是需求不足，美国很有可能重蹈日本的覆辙，陷入持续的低通胀和低经济增长期。美联储在认识到这一风险后，采取了各种尝试增加总需求的非常规性措施，而这些措施的非常规性质引起了一些圈子的警惕。批评者指责美联储不计后果的措施有导致通货膨胀失控的风险。为了转移这种批评，美联储在继续扩张性措施的同时，发表了一份关于设置通货膨胀目标的公开声明，并向公众保证，如果通货膨胀在未来某个时候卷土重来，美联储将迅速采取行动予以控制。

虽然美联储的这一承诺一方面为其开展经济刺激措施提供了有效的政治掩护，但在另一方面，目标通胀率也束缚了政策制定者的动作。在缺乏直接影响金融状况的更优工具时，一种十分有效的做法是通过影响人们对遥远未来的经济金融状况的预期，来塑造当前的决策。在 20 世纪 70 年代，人们的预期是美联储会迎合工资和物价上涨，因此人们就更容易要求工资和物价相应上涨。同样，在当前这个十年中，人们的预期是美联储会采取果断行动遏制通货膨胀的显著加速，那么人们就可能对同意工资或物价上涨持有更加谨慎的态度。虽然这种期望本身无法对抗未来通胀迟迟达不到目标数字的情况，却能对人们起到重要的影响，使人们在招聘和投资等方面更加谨慎，因为只有在未来需求旺盛的情况下，投资才会收到回报。但是，鉴于美联储官员新近宣布的固定通胀率目标承诺，美联储会很难对抗这种预期。

美联储认为，阐明指导未来政策的原则有助于塑造预期，进而在某种程度上促进当前的稳定政策。在我看来，这一想法并没有错。美联储的错误在于，他们没有意识到，需要通过政策承诺来平息的民众恐慌并不是每一次都完全相同。

珍妮特·耶伦 Janet Yellen

美国若对货币政策和财政政策进行明确的协调，一定会危及美联储的独立性。幸运的是，尽管有一些重要的例外情况，但为了取得良好的经济成果，往往并不需要进行这种协调。

中央银行的独立性对良好的宏观经济表现至关重要，因为具备独立性可以保障货币政策免受政治压力的影响。压力的来源之一可能是政府希望通过印钞来为不可持续的政府预算赤字提供资金，从历史上看，这类做法在全球许多国家造成了长期高通胀或恶性通胀的后果。面临换届选举的政府也可能会向央行施压，要求央行实行过度扩张的货币政策，以促进增长并降低失业率，但是，短期的获益可能会以长期的高通胀和高失业率为代价。对于美联储而言，独立性使其能够从长远的角度出发，根据自身专业性和不受党派影响的评估结果，调整其政策设置，从而推进实现由国会确立的、得到公众广泛支持的目标：物价稳定，以及最大化或"充分"就业。现在，人们普遍认识到，具有独立中央银行的国家的宏观经济表现较好，这一点有实证可循。

幸运的是，为了获得良好的宏观经济表现，并不一定需要明确协调货币政策和财政政策。在美联储承担稳定目标的责任后，财政政策便可以对其他目标展开行动，如发布促进长期经济增长的激励措施，以及确定产出在竞争性用途之间的分配等。美联储在决定其政策路径时，必须考虑财政政策的立场，将其作为影响总需求和潜在产出路径的诸多因素之一。财政政策制定者需要明白，美联储将以任何必要的方式应对财政政策的转变，以实现其稳定物价和最大就业的目标，但其中一个重要前提是财政上的转变是分阶段缓慢进行的，而且美联储有足够的工具来控制总需求。由于美联储对实现物价稳定和充分就业的承诺充满信心，国会便不必过度担心某些情况。例如，在需要降低赤字的时候，转向更紧缩的财政政策会造成失业率不合时宜地升高。举例来说，针对克林顿时期平衡预算的举措，美联储主席艾伦·格林斯潘经常表示，收紧财政政策将使利率下降，进而抵消政府支出减少或税收增加带来的紧缩性影响。

虽然货币政策和财政政策的协调一般来说是不必要的，但如果货币政策工具本身不足以实现美联储制定的就业和通胀目标，那么就会出现一个重要的例外。在这种情况下，财政政策的协助也许是可取和适当的。例如，在2008年发生严重的金融危机之后，失业率急剧上升。美联储迅速将政策利率降至零，后来又使用了非常规工具，如前瞻性指导和长期资产购买，以解决经济疲软问题。但多年来失业率仍然居高不下，美联储的工具有限。在危机后的前几年，财政政策提供了有意义的刺激。但在2011年，财政政策出现了限制性，造成逆风，使美联储促进复苏的难度加大。不幸的是，未来货币政策很可能会比过去更频繁地受到零利率下限的限制。为了维持最大化就业与稳定物价，美国和国外疲软的生产率增长以及人口老龄化看来很可能会持续降低一般利率水平。这就更需要实施积极的财政政策，同时很好地协调货币政策。遗憾的是，由于财政赤字巨大，债务与国内生产总值的比率很高且不断上升，美国进行这种协调的空间似乎十分有限。

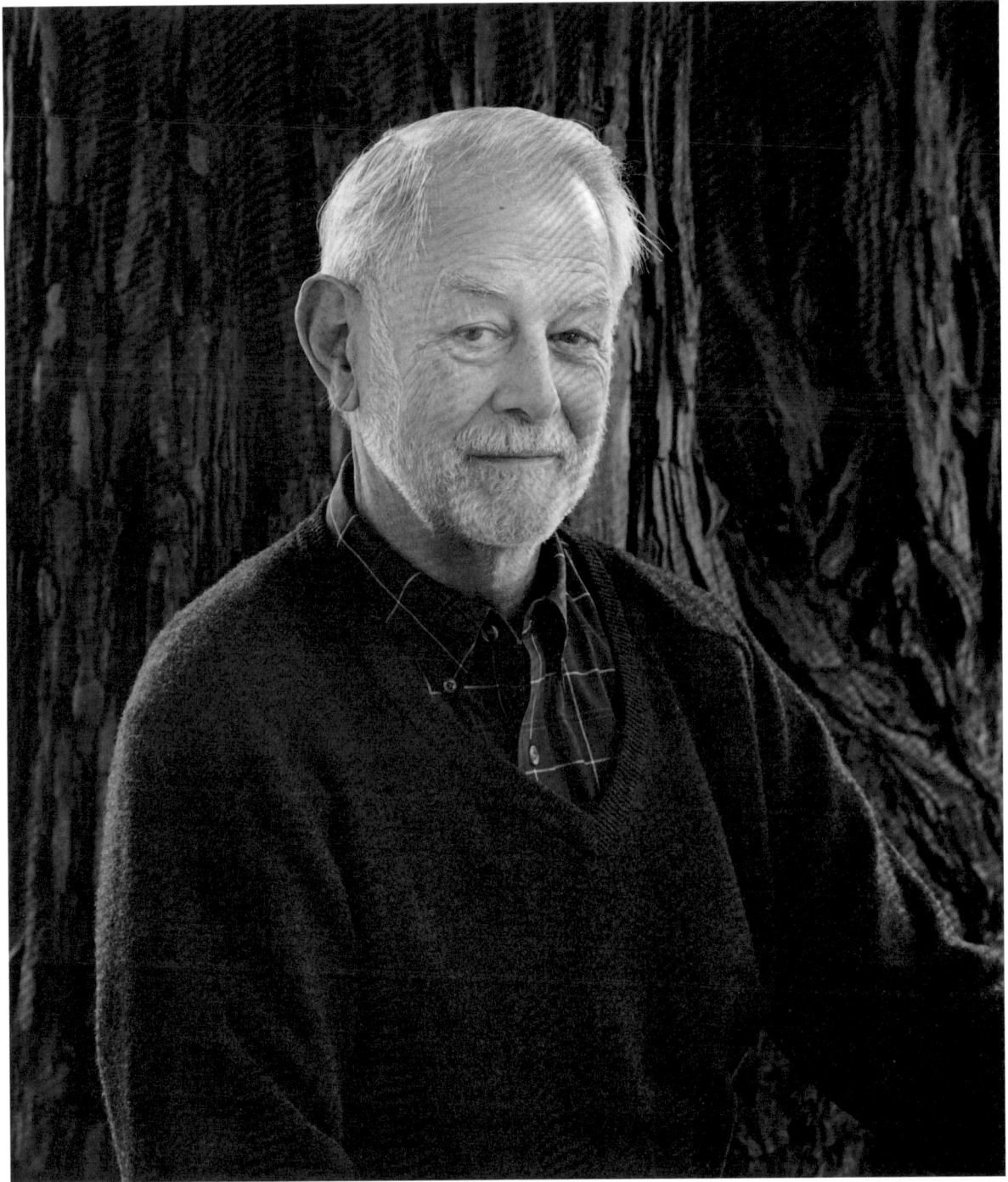

罗伯特·威尔逊　Robert Wilson

有关稀缺资源分配的经济学研究通常聚焦于市场价格和数量，而博弈论研究是从微观视角研究市场如何运作。博弈论的方法是一种对代理人互动行为的精确描述，包括代理人制定决策的时间，以及他们在有效的行动中作出选择时，可利用的信息和观测（谁在什么时间知道什么）。例如，对双边谈判的细致分析会基于报价和还价的程序，以及一方的行动如何向另一方传递他的动机和信息。动态拍卖中的出价同样受到程序规则的影响，每个出价人都会关注其他人在出价中隐含的有关物品价值的信息。同样，市场专家提供的买卖价差也将逆向选择的因素考虑在内，也就是说，一些拥有信息优势的交易者，可以在自己出价的水平上进行交易并获利，要考虑这类风险。保险市场是选择效应的突出例子，也包括所谓的"道德风险"问题，即代理人并没有履行为客户规避风险的约定。劳动力和产品市场中也充斥着同样的问题，例如，当一个销售员在自身能力或市场条件方面拥有信息优势，并且可以做出一些难以被观测到的行动时；或者当一个卖家拥有关于质量属性（如耐用性）的信息优势，而这类信息对于买家来说并不明显时。参与者依靠的不是简单的现货市场交易，而是雇佣合同和产品保证。税法等政府政策也涉及这些问题，因为政策实施的效果取决于在能力和机会仅为一方所有时，如何影响代理人的激励机制。

博弈论研究中使用的标准是，每个参与者的策略是对他人策略的最佳反应，运用这一标准可以进一步完善依靠价格平衡供需的经济分析。这种更严格的均衡条件，使价格形成理论能够解释市场设计的影响，以及代理机构和交易者的作用。它还可以被用来分析价格所揭示的信息，以及从规范的角度分析如何改变交易程序或合同，才能提高市场运行的效率。战略行为模型可以捕捉到需求–供给分析中经常被忽略的常见现象。例如，除了上面提到的信号传递现象，一些动态博弈还表现出声誉效应，也就是一个代理人的行为使其他人相信他的最终动机可能与其他人的假定动机不同的效应。此类模型对于分析影响市场结构和竞争性的战略行为是很有用的，如现有企业为阻止后来者进入市场而做出的限制性定价和掠夺行为。

总而言之，博弈论的方法提供了一个详细分析经济活动的机会。这些方法侧重于影响战略行为的激励机制，以及它们如何受到程序和合同规定、信息以及可观测性的影响。博弈论方法的运用比较复杂，而且很少适用于市场活动的总体测量。但在某些情况下，对于理解市场的微观结构如何影响结果，进而影响效率和福利，这些方法是十分必要的。

但博弈论是不完善的。这类模型依赖于对"博弈规则"的信息共享，特别表现在每个代理人如何认知他人的认知，这取决于他们自己拥有的信息。均衡结果的预测对一种假设非常敏感，这种假设就是，代理人是理性的，甚至是超理性的，能够应对精心设计的详细模型的复杂性。由于在经验数据中很少存在这种强假设，一些替代理论援引了行为异象作为解释，如在实验中观察到的框架效应；还有一些理论则研究了对共享信息和彻底的理性行为不太敏感的情景；另有一些理论假设代理人在无法较好地预测他人的行为时，会防范最坏的可能性出现。而且，像一般的经济理论一样，博弈论仍然要援引更深层的标准，才能在多个均衡中进行选择。

索 引
INDEX

致　谢
Acknowledgments

　　我们想要感谢谢尔登·丹泽革（Sheldon Danziger）对本项目的关注，以及罗素·塞奇基金会（Russell Sage Foundation）的经济援助，是他们使本书的出版成为可能。此外，我们还要感谢彼得·布莱尔·亨利的热心支持，以及给最终成书带来的巨大帮助。此外，库克工作室的露丝·米尔斯基（Ruth Mirsky）极尽细致、一丝不苟地编辑了每一篇文章；理查德·费格曼（Richard Fegelman）则提供了丰富的信息和建设性的建议；而特雷伦·史密斯（Trellan Smith）为项目顺畅进展尽了很多努力。另外，还要感谢耶鲁大学出版社的主编塞斯·迪奇克（Seth Ditchik）慷慨指导。

图书在版编目 (CIP) 数据

经济学家，请回答 /（美）玛丽安娜·库克
（Mariana Cook）摄影；（美）罗伯特·索洛
（Robert Solow）编著；许可译. — 上海：文汇出版社，
2024. 10. — ISBN 978-7-5496-4308-0

Ⅰ. K815.531-64

中国国家版本馆CIP数据核字第2024XW7649号

上海市版权局著作权合同登记号：图字 09-2024-0640

经济学家，请回答

作　　者 /［美］玛丽安娜·库克　摄影　　　［美］罗伯特·索洛　编著
译　　者 / 许　可
责任编辑 / 戴　铮
装帧设计 / 李嘉宝
出版发行 / **文匯**出版社
　　　　　上海市威海路 755 号
　　　　　（邮政编码：200041）
经　　销 / 全国新华书店
印刷装订 / 上海普顺印刷包装有限公司
　　　　　上海市宝山区沪太路 5553 号 – 丙号 3 幢
版　　次 / 2024 年 10 月第 1 版
印　　次 / 2024 年 10 月第 1 次印刷
开　　本 / 889 毫米 ×1194 毫米　1/16
字　　数 / 255 千字
印　　张 / 16
书　　号 / ISBN 978-7-5496-4308-0
定　　价 / 168.00 元